I0149029

Vind Die Oorvloedige Lewe

Michele Michaels

Voorwoord deur
Erin Thiele

Uiteindelikhoop.com

NarrowRoad Publishing House

Vind die Oorvloedige Lewe
Michele Michaels

Gepubliseer deur:
NarrowRoad Publishing House
POB 830
Ozark, MO 65721 U.S.A.

Die materiaal van Restore Ministeries was geskryf met die uitsluitlike doel om vrouens te bemoedig. Vir meer informasie, besoek ons by:

Uiteindelikhoop.com
EncouragingWomen.org

Toestemming van die skrywer was gegee aan dié wat hierdie boek vir hulleself wil druk of kopieër, streng slegs vir bemoediging en informasie doeleindes; maar, sulke afskrifte of herdrukke kan nie in enige vorm verkoop word sonder voorafgaande toestemming van die skrywer nie.

Tensy andersins aangedui, is meeste van die Bybel verse uit die *Afrikaans 83 Vertaling* geneem. Bybel aanhalings gemerk NLV word uit die Nuwe Lewende Vertaling geneem, en die Bybel aanhalings wat AFR53 gemerk is, word uit die 1933/53 Afrikaanse vertaling geneem. Ons ministerie is nie partydig aan enige spesifieke weergawe nie, maar is **lief** vir hulle almal, sodat ons in staat is om elke vrou, in enige denominasie, wat bemoediging nodig het te help, asook diegene wat 'n begeerte het om groter intimiteit met haar Redder te kry.

Copyright © 2022 deuer Erin Thiele

Voorblad Ontwerp deur Dallas en Tara Thiele

ISBN: 1-931800-73-1
ISBN13: 978-1-931800-73-0

Inhoudsopgawe

Voorwoor

Die rol en seëninge wat God vir vrouens het, in Sy ontwerp van die vrou, is al jare terug deur die Feministiese Beweging gesteel. Alhoewel die doel was om vrouens dieselfde regte as mans te gee, het dit veroorsaak dat vrouens geen ander keuse het as om enkel moeders te word nie, om dikwels nie net vir hulself te voorsien nie, maar ook vir hulle manlike bywoners. Vrouens het hulself nie van mans vrygemaak nie, soos wat hul gesê het hul wou bereik, maar in plaas daarvan, het vrouens 'n obsessie ontwikkel om 'n man te hê, enige man teen enige koste. Dit is egter nie 'n verrassing dat die Bybel profeet gesê het tye soos dié, sou kom nie. Jesaja 4NLV sê, "Daardie dag sal min mans nog lewe. Sewe vroue sal met mekaar oor een man baklei en sê: 'Laat ons almal met hom trou! Ons sal ons eie kos en klere verskaf. Gee ons net jou naam sodat hulle ons nie as kinderloses uitkryt nie!'"

Dit is vrouens soos Michele, wat geroep is om die weg te baan vir vrouens wie hulself binnekort alleen gaan bevind, sonder 'n man, of kinders, of 'n gesin. In hierdie reeks, wat uit 5 boeke bestaan, neem Michele ons saam met haar op haar reis, 'n reis wat haar nie gelei het om dit wat sy verloor het terug te kry nie, maar 'n reis waarop sy 'n verhouding so sterk, so vervullend en so vol vrede gevind het, dat sy 'n inspirasie vir ons almal is.

Baie van wat ek in hierdie boek gelees het, toe dit eers net beskikbaar was vir die vrouens in haar kerk, het ek gebruik om die vrouens in my eie bediening te help. Elkeen van ons moet die ongesproke waarhede, wysheid en vryheid bymekaarmaak wat Michelle ervaar en gedeel het in hierdie dinamiese boek vir vrouens.

Ek is geëerd om Michele my vriendin te noem en deur dit wat sy, met deursigtigheid, met ons in hierdie boek deel, sal elkeen van ons ontdek hoe ons kan uitstyg bo elke situasie wat Hy ons roep om deur te gaan.

Erin Thiele
Restore Ministries International

Wat is die Oorvloedige Lewe?

'n Dief kom net steel en slag en uitroei;
Ek het gekom sodat hulle die **lewe** kan hê,
en dit in **oorvloed.**
—Johannes 10:10

Wat is die Oorvloedige Lewe?

Die oorvloedige lewe is die lewe wat ek uiteindelik leef. Dit is 'n lewe wat vol "vreugde onbeskryflik" is, omdat dit vol van God se glorie is! Dit is 'n lewe wat ek glo, Jesus gesterf het om vir ons te gee, maar wat baie min ooit in hulle leefyd bereik! Die NLV vertaling, definieer hierdie lewe as "oorvloedig [om nog groter perfeksie te bereik deur hierdie lewe te lei]."

Oor die laaste paar maande, het die Here my in 'n nuwe lewe gebring, 'n lewe van oorvloed. Hierdie lewe het vir my en meeste Christene, na iets onbereikbaar gelyk. My lewe was 'n lewe van sukkel, nie die maklike lewe waarvan Jesus gepraat het in Matteus 11:29 nie. "Neem my juk op julle en leer van My, want Ek is sagmoedig en nederig van hart, en julle sal *rus* **kry vir julle gemoed".**

Alhoewel my reis na die oorvloedige lewe nog glad nie voltooi is nie, kan ek vir jou sê dat ek *rus* vir my siel gevind het en onbeskryflike vreugde, vol van glorie!!!

*"Sodat die egtheid van julle geloof getoets kan word. Julle geloof is baie kosbaarder as goud, goud wat vergaan. Selfs die suiwerheid van goud word met vuur getoets, en die egtheid van julle geloof moet ook getoets word, sodat dit lof en heerlikheid en eer waardig mag wees by die wederkoms van Jesus Christus. Hom het julle lief, al het julle Hom nie gesien nie. Deur in Hom te glo, al sien julle Hom nou nie, het julle reeds deel aan die saligheid wat die einddoel van julle geloof is. En dit vervul julle met 'n onuitspreeklike en heerlike blydskap. Hom het julle lief, al het julle Hom nie gesien nie. Deur in Hom te glo, al sien julle Hom nou nie, het julle reeds deel aan die saligheid wat die einddoel van julle geloof is. En dit vervul julle met 'n **onuitspreeklike en heerlike blydskap.**" (1 PETRUS 1:7-9)*

Ons lees verse soos Johannes 16:33, *"Dit sê Ek vir julle, sodat julle vrede kan vind in My. In die **wêreld** sal julle dit moeilik hê; maar hou moed: Ek het die **wêreld** klaar **oorwin.**"* Al waarop ons ooit fokus is **"In die wêreld sal julle dit moeilik hê,"** aangesien dit is hoe ons dag in en dag uit lewe.

Hierdie lewe van beproewing, sukkel of pyn en hartseer, is nie God se plan nie. Dit is nie hoekom Jesus na hierdie wêreld toe gekom het om vir ons te lewe en te sterwe nie. Ek glo dat ons 'n lewe van vreugde moet leef, wat so ongelooflik is dat ons dit skaars kan beskryf—'n **vreugde** wat onuitspreeklik is, omdat dit vol van God se glorie is!!

Net soos wat Jesus se krag deur die kruis gekom het, glo ek dat dit in ons kruis is, wat ons ook die krag sal verkry om hierdie soort lewe te lei, wat deur die hele wêreld beny sal word. Ons lewens moet 'n lewe wees wat die donkerte van vandag se wêreld sal verlig; 'n lewe wat 'n baken van lig sal word om vroue te lei wie se lewens in die donkerte verlore is. Te midde van hulle donkerte, kan ons lig vir hulle die pad wys na die Een wat vir hulle hulle eie oorvloedige lewe kan gee. *". . . want enigeen wat 'n kind van God is, kan die sondige*

wêreld oorwin. *En die oorwinning wat ons oor die wêreld behaal het, is deur —ons geloof"* (1 Johannes 5:4).

Mag julle nooit vergeet dat *"Julle behoort aan God, liewe kinders, en het die vals profete klaar oorwin omdat Hy wat in julle is, groter is as die duiwel, wat in die wêreld is"* (1 Johannes 4:4).

Moet ons wag totdat ons in die hemel kom voordat *"Hy sal al die trane van hulle oë afdroog. Die dood sal daar nie meer wees nie. Ook leed, smart en pyn sal daar nie meer wees nie. Die dinge van vroeër het verbygegaan."* (Openbaring 21:4)?

Ek het voorheen so gedink, maar nie meer nie.

Vandat ek hierdie lewe gevind het, het ek die onversadigbare drang om hierdie lewe met elke vrou wat ek ken te deel! Dit is verby vryheid, dit is ver verby vrede vind—dit is 'n lewe wat maak dat jy wil uitbars en begin sing en dans!!

Hierdie lewe was nie verkry deur 'n manier wat onbeskikbaar of onbereikbaar is vir enigeen nie. Dit beteken dat wat ek nou het, jy ook kan hê, en jy kan dit aan jou vriende, jou dogter, jou ma of jou suster gee! Verbasend, dit is nie in wat ek verkry het nie, maar in werklikheid, toe ek alles verloor het!

Het Jesus nie dit vir ons gesê nie? Het ons nie geluister nie, of het ons nie die regte oor gehad om dit te hoor nie? *"Want wie sy lewe wil behou, sal dit verloor; maar wie sy lewe ter wille van My verloor, sal dit terugkry'"*(Matt. 16:25).

As Christene, lyk dit dikwels asof ons "kop kennis" van hierdie beginsel het, asook baie ander beginsels, waarvan Jesus ons vertel het toe Hy aan Sy apostels bediening gegee het of toe Hy die Saligsprekinge met duisende gedeel het—maar ons lei nie daardie lewe nie. Ons leef dit nie uit nie. Ons het die geloof om te *glo* dat dit werk, maar ons leef nie daardie geloof uit nie; daarom, " *'n Liggaam wat nie asemhaal nie, is dood. So is die geloof wat nie tot dade kom nie, ook dood" (Jakobus 2:26).*

Vir die meeste van ons, is ons bestaan 'n lewe wat dood is of besig is om dood te gaan. Tog, Jesus het gesterf sodat ons 'n LEWE kan hê en dit oorvloedig kan hê! Daardie woord *oorvloedig* beteken vir my 'n lewe wat oorloop met goeie dinge— en dit begin met vreugde!

Dames, hierdie lewe is beskikbaar aan ieder en elk van ons. Ek het oor die verloop van die afgelope paar maande gevind, dat dit verkry kan word deur die lewe te verloor wat ons sukkel om te behou. Dit is daarin om waarlik ons lewens oor te gee en die beginsels uit te lewe wat almal in die Bybel gevind kan word, maar nooit regtig uitgeleef word nie, wat die vreugde bring wat meeste van ons ontwyk.

Gedurende die verloop van my eerste huweliks herstel, het ek die beginsels uitgeleef wat in die *Herstel Jou Huwelik* boek gevind word en het 'n herstelde huwelik verkry. Maar, ek het hierdie beginsels met soveel vrees en huiwering uitgeleef as gevolg van die vlak van my geloof daardie tyd. Wat erger was, was dat ek die lewe wat ék wou gehad het, gesoek het. Dit het nooit by my opgekom dat ek gelukkig kon wees (om nie eens te praat van vreugdevol) as God nie my huwelik herstel het nie. So ek het spesifiek gebid (soos ons geleer word in Bybelstudies) en die beginsels gevolg (wat ons bediening vroue altyd aanmoedig om te doen). Vandat ek my oorvloedige lewe gevind het (toe ek alles verloor het), het ek besef dat Jesus ook vir ons gesê het om te bid "Laat U wil geskied."

Wat my aandag getrek het, was toe ek die vroue wat herstelde huwelike gehad het begin sien het, maar hulle het lewens van sukkel, pyn en hartseer gelei en dit het my gemotiveer om weg te beweeg van waar ek gevestig was—aan hierdie kant van die Jordaan. Hierdie kant van die Jordaan is net langs die woestyn maar is op die oewer van die rivier. Dit lyk groen met 'n oorvloed water, maar dit is nie die beloofde land nie.

As gevolg van al die vrae wat na my toe gestuur is, deur herstelde vrouens wat vermeng was met 'n gesukkel, pyn, vrees en verbystering, wat ek ook ervaar het, het het weer begin om God te soek vir wat Hy in my lewe wou doen.

"So sê die HERE die Almagtige: Nog een keer, binnekort, sal Ek hemel en aarde, see en land laat bewe. Die roem van die tempel sal in die toekoms groter wees as in die verlede, sê die HERE die Almagtige. Op hierdie plek sal Ek vrede gee, sê die HERE die Almagtige" (Hag. 2:6, 9).

Eerlikwaar, ek het geen idee gehad waarna ek gesoek het nie, maar God het my geroep om hoër te gaan en weer na nuwe en onbekende gebied te gaan, om sodoende Sy dogters te seën wie Hy aan my toevertrou het.

Wat ek gevind het was die fontein van jeug, die innerlike vrede, die ware betekenis van die lewe, die geheim van lewe en hoekom ons geskape was—alles in 'n oogwink. Ek het dit in die vers hieronder gevind, wat die Here vir my meer as tien jaar gelede gegee het, maar wat my verbyster en dronk geslaan het, tot net 'n paar weke gelede. Ek het dit amper elke dag gelees en het selfs met ander daaroor gepraat oor wat hulle gedink het dit werklik beteken. Ek het geweet dat God dit vir my gegee het, en dit mag dalk net die sleutel wees om die geheim oop te sluit van die oorvloedige lewe waarna ek gesoek het.

*"Daarom, so sê die Here: 'As jy terugkeer, sal Ek jou laat terugkeer, sal jy voor my aangesig staan; en as jy voortbring wat **edel is, en niks onedels nie**, sal jy soos my mond wees. Laat húlle na jou terugkeer, maar jy moet nie na hulle terugkeer nie'* " (Jer. 15:19).

Dit mag eenvoudig genoeg lyk, maar die ware betekenis het my vir jare ontwyk. Ek het dit weer gelees, gedeeltes bygevoeg om te help om dit meer sinvol te maak en het selfs twee woorde aan die einde van die vers geskryf toe ek vir God gevra het om vir my meer duidelikheid te gee. Hier is wat ek sou lees "Daarom, [Michele] so sê die Here: 'As jy terugkeer, sal Ek jou laat terugkeer, sal jy voor my aangesig staan [alleen]; en as jy voortbring wat edel is, en niks onedels nie, sal jy soos my mond wees. Laat húlle na jou terugkeer, maar jy moet nie na hulle terugkeer [vir hoop of hulp] nie'" (Jer. 15:19).

Dit was die **"wat edel is, en niks onedels nie"** wat my die meeste oorbluf het. Ek het aanhou kyk na verskillende dinge in my lewe en het probeer om dit te vergelyk om te sien of dit *edel* of *onedel* was, om vas te stel of ek dit uit my lewe moes haal. Dit het my so baie jare geneem om te ontdek wat ek alreeds in my kop geweet het, maar ek moes dit in my hart ontdek. Dames...

Hy is kosbaar—enigiets anders is waardeloos!

Jy mag dalk dink dat jy dit weet en dat ek ongelooflik onnosel is. Maar tensy jy 'n lewe lei wat hierdie beginsel skreeu, is dit net kop kennis!

Ek het geweet dat sodra ek "dit verstaan het", God my sou roep om Sy woordvoerder te wees! Voor hierdie openbaring, was ek 'n vrou wat baie gelukkig was as sy nooit haar huis verlaat het nie—nou reis ek rondom die wêreld! Dit is hierdie beginsel, glo ek, wat Jesus se apostels verander het van mans wat weggekruip het in die bokamer, tot mans wat gemartel sou word en selfs aan die kruis hang.

Die oorvloedige lewe is een wat oorgegee is. Om alles wat ons wil hê, wat ons dink ons gelukkig sal maak, en al die beheer wat ons dink ons oor ons lewens het, oor te gee (en die lewens van al die mense rondom ons). Ek, soos jy, het gedink dat dit die lewe was wat ek besig was om te lei. Ek het Jesus Here van my lewe gemaak, maar het nooit oorweeg om die lewe te vind waarvoor ek geskape was nie, wat ek nou uiteindelik lewe.

Die eerste rede waarvoor ons geskape was, is vir gemeenskap met God. Toe ek diep in my siel begin smag het om saam met God in die 'koelte van die dag" te loop soos Adam, saam met God te loop soos Enog en Hom van aangesig tot aangesig te sien soos Moses, het ek geen idee gehad hoe om dit te doen nie. So ek het vir God gevra om my te wys hoe, aangesien alle wysheid van bo is en Hy sal wysheid gee aan enigiemand wat vra.

In my soektog, het my hart begin verander na wat my gemotiveer het om uit te vind hoe om hierdie soort intimiteit met die Here te hê. In plaas daarvan om dit te wou hê vir wat intimiteit vir *my* sou doen, het ek gou uitgevind dat ek diep intimiteit vir Hom, my Beminde wou hê. Ek wou bo alles die vrou wees wat hy my geskape het om te wees—Sy metgesel! Ek wou so na aan Hom wees dat ons 'n vriendskap kon hê en so verlief wees op Hom (omdat Hy dit verdien het) soos wat Hy op my was.

Die ontdekking van edel en onedel was gevind toe 'n sendeling ons kerk besoek het en die storie vertel het van 'n klein dogtertjie wat hy gevind het, sy het op die strate gelewe en was besig om dood te gaan. Die sendeling was geroep om Indië te verlaat en na die state toe te kom. Hy moes die klein dogtertjie groet, wetende dat dit die laaste keer sou wees wat hy haar lewendig sou sien. Toe hy haar 'n drukkie gee, was hy so gebroke en hartseer toe sy gesê het, "Jy hoef nie hartseer vir my te wees nie, want ek het Jesus. Jesus is al wat ek nodig het. Hy is alles. Ek het alles wat ek nodig het." Hierdie jaar was die tweede keer wat ek dié storie gehoor het, maar hierdie keer het dit my lewe vir ewig verander!

Ek het vir die Here begin vertel dat Hy alles was wat ek wou gehad het, Hy was al wat ek nodig gehad het en dat as ek Hom gehad het, ek alles gehad het wat ek nodig het! Hoe meer ek dit gesê het, hoe meer het Hy die liefde van my lewe geword. Wat ek gesê het, het geword wat in my hart was! Wanneer moeilikheid teen my gekom het, het ek vir die Here gesê dat Hy al was wat ek wou hê en al was wat ek nodig gehad het. Onmiddelik, het dit wat teen my gekom het nie meer saak gemaak nie, dit het sy angel en uitwerking oor my verloor.

Hierdie denkwyse het my hart verander om in staat te wees om nie net uit te hou nie, maar het die verwoesting wat teen my gekom het (ons familie en my ministerie) meer as oorkom toe my man aangekondig het dat hy van my gaan skei. Dit is te midde van hierdie soort krisisse wat jy tot die hoogtes van vreugde gebring sal word wat onuitspreekbaar is!

Jy sal Hom hê soos hierdie klein, sterwende dogtertjie Hom gehad het en hoe ek Hom nou het. As dit nie vreugde genoeg is nie, "dan sal hy julle ook al hierdie dinge gee," die klein, sterwende dogtertjie was genees, heel en gesond toe die sendeling teruggekeer het. Sy het Jesus gehad, en Hy was al wat sy nodig gehad het om te lewe. Ek is nie besig om dood te gaan nie, alhoewel my man my 'n maand gelede geskei het, en ek nou die enkel ma van ses is. Maar ook ek, het Jesus en Hy is al wat ek nodig het om die oorvloedige lewe te leef!

Ek hoop dat hierdie eerste hoofstuk jou dors en begeerte vermeerder het om meer van Jesus te wil hê—om Hom intiem te ken soos wat Hy alles word wat jy wil hê en nodig het. Jy het nie nodig om enigiets te laat gaan nie, maar om eenvoudig te doen wat God my gelei het om te doen. Begin nou dadelik om vir Jesus te sê; Hy is alles wat jy wil hê, Hy is alles wat jy nodig het en as jy Hom het, het jy alles. Wanneer beproewinge teen jou kom, sê hierdie woorde oor en oor todat dit wat gebeur (of gebeur het) nie meer saak maak nie.

Sê hierdie woorde elke oggend wanneer jy wakker word en wanneer jy in die aand jou kop op die kussing neerlê. Sê dit hardop, in jou hart en wanneer jy na jou gebeds hoekie toe gaan.

Wanneer jou kop kennis, 'n hart toestand word, sal niks seermaak nie, niks sal jou uitmekaar laat val nie, en niks sal jou ontstel nie. As jy seer het, as jy uitmekaar val, as jy ontsteld of bang is, dan het jy **meer van Hom** nodig. Kosbare een, meer van Hom is nie te vinde daarin om *oor* Hom in jou Bybel te lees nie, om Bybelverse aan te haal of die duiwel tereg te wys nie. Dit word in intimiteit *met* Hom gevind.

Dit beteken nie dat jy nie meer jou Bybel lees nie (dit is jou liefdes briewe en beloftes van Hom), en dit beteken nie dat jy nie Bybelverse aanhaal nie (aangesien dit jou gedagtes hernu sodat jy soos Jesus kan dink), dit beteken ook nie dat jy ophou bid nie (begin net om te bid deur jou hart en seerkry te deel en om te los wat deur Hom gedoen moet word—*U* wil sal geskied!). Aangaande die tipe gebede wat ek voorheen gebid het (die geestelike oorlog tipe), ek het ontdek dat met die Here as my Man, is Hy mal daaroor om my gevegte vir my te baklei. My posisie is aan Sy sy, as Sy bruid, om te fokus op my beminde en Hom te koester soos wat Hy verlang om gekoester te word.

As jy 'n verstote en bitter bedroefde vrou is wat verwerp is, roep Jesus jou om Sy bruid te word! Sal jy? Sal jy dit alles agter los (die bekommernisse, die pyn, die vrae en die moeisame verhoudings) en na Hom alleen streef?

*" 'Jy is 'n **verstote** en bitter **bedroefde** vrou, maar die HERE roep jou terug, want hoe kan 'n man sy eie vrou vergeet?' sê jou God. Hy wat jou gemaak het, is jou **man**, sy Naam is die HERE die Almagtige. Die Heilige van Israel is jou **Verlosser**; Hy word die God van die hele wêreld genoem" (Jesaja 54:6-5).*

——————— Hoofstuk 2 ———————

Vind Jou Lewe

Hy wat sy lewe wil behou, sal dit verloor;
en hy wat sy lewe **ter wille van My** verloor, sal dit vind.
—Matteus 10:39

Gedurende die afgelope paar weke, veral terwyl ek bestuur, word ek getrek na 'n liedjie wat my seuns in die lofgroep sing. Ek geniet die vrolike aard van die wysie, maar dit is die woorde wat my bekoor het.

Die refrein sê:

"Om jou lewe te vind,
Moet jy dit verloor,
Al die verloorders kry 'n kroon."

Minder as vyf maande gelede, het ek die lewe wat ek gelei het en aktief nagestreef het vir 14 jaar, verloor. My hele lewe lank, wou ek net 'n eenvoudige lewe as 'n vrou en moeder, gehad het; Ek was mal daaroor om net by die huis te bly en dit nie buite my wêreld te waag nie.

Minder as vyf maande gelede was ek getroud met 'n pastoor van 'n megakerk en het 'n enorme dames ministerie van duisende begin, wat gestig was op my eie huweliks herstel. Ek was wel-bekend, bewonder en geliefd as 'n mede-pastoor (die dames van ons kerk se pastoor), en het dikwels sy aan sy, saam met my man, bedien. Selfs my kinders het baie leierskap posisies binne ons kerk beklee. En as gevolg van die media aandag wat ons kerk gegee was, was ons familie wel bekend in ons gebied en selfs landwyd.

Ons familie was duidelik hoë profiel, beide hier in die Verenigde State en selfs in baie ander nasies. Toe, eendag, het my wêreld soos ek dit geken het, in duie gestort—my man het in ons slaapkamer ingeloop en vir my gesê dat hy daardie oggend 'n afspraak met 'n prokureur het om 'n skeisaak aanhanig te maak en dat hy van voorneme was om 'n ander vrou te vind om mee te trou.

Wat doen jy wanneer jou wêreld in duie stort?

Dié liedjie, wat ek lief is om te sing, sê, "En self as my wêreld in duie stort sal ek sê...Bo ALLES lewe ek vir jou glorie!!"

Nie onmiddelik nie, heelwat later, het ek verstaan dat God my voorberei het vir daardie oomblik in my lewe vir meer as 'n jaar. En dit beteken ek was vasbeslote om net dit te doen—om te lewe vir Sy glorie. Ek het geweet dat God volkome in beheer was en maak nie saak wat gebeur het nie, die Here was al wat ek nodig gehad het, en Hy was al wat ek wou hê. Deur my liefde en vertroue in Hom, het ek geweet, my wêreld wat in duie stort, sou gebruik word om glorie aan God te gee.

Die dag wat die Here gekies het om my voor te berei vir my reis, was toe ek die preek gehoor het waaroor ek in hoofstuk 1 gepraat het, of dit mag dalk 'n paar liedjies wees waarna ek nie kon ophou luister nie, wat gemaak het dat ek my lewe herondersoek. Die een het gegaan oor om my plek in die wêreld te vind en oor 'n persoon wie eens op 'n tyd berge versit het, maar nou 'n vermiste persoon was. Ek wou weer so voel, ek wou weer daardie persoon wees wat so lewendig gevoel het, in staat was om in God te glo vir die onmoontlike, en 'n lewe te lei waar net my geloof my ophou.

Die gevoel het binne my gepyn. Ek het geen aardse idee gehad hoe om terug te kom daar nie, so ek het dikwels elke oggend met die Here gepraat, lank voor die son opgekom het en by Hom gepleit, by Hom aangedring, om my te help om weer op daardie plek saam met Hom te kom.

Toe ek die eerste keer, reg aan die begin, my reis begin het toe ek "RMI" gevind het en 'n herstelde huwelik wou gehad het, was dit regtig meer oor wat dit vir my sou doen. Dit is altyd waar ons ons reise begin— wanneer 'n krisis ons lewens tref. Destyds wou ek die pyn weghê en die skande (om uit mekaar te wees en later egskeiding) uit my lewe verwyder hê. En ek wou ook 'n vader vir my kinders hê, ek wou nie 'n enkel ouer wees nie.

Tog, êrens gedurende my eerste reis het my fokus verander, en saam met dit, het my hart ook verander. My begeerte het meer geword om die Here te hê as 'n herstelde huwelik. En, nie verbasend, toe ek nie meer omgegee het om my huwelik te herstel nie, of om my man terug te kry nie, het God my man se hart teruggedraai na my toe (en huiswaarts), en my huwelik was herstel.

Die verandering in my fokus (en later my hart), was wat ook hierdie keer gebeur het. Ek het hierdie reis begin vir wat 'n nouer wandel met die Here *vir* my sou doen. Ek wou koestering, liefde en sekuriteit voel—eenvoudig om al die dinge te voel wat elke vrou wil voel maar nooit van 'n aardse man af kan kry nie. Gou weer, êrens in my reis, het my fokus verander. Die oomblik toe ek al hierdie dinge begin voel het (liefde, sekuriteit en koestering), wou ek 'n nog intiemer verhouding met die Here gehad het vir Sy onthalwe, nie meer vir my onthalwe nie.

Dit is toe dat ek begin nadink het oor hoekom God ons almal geskep het—God het die mensdom geskep om in gemeenskap met Hom te leef. Eendag wanneer die nuwe hemel en die nuwe aarde geskep word, sal dit wees wat ons voortdurend sal doen, 'n aarde waar daar geen hartseer, siekte of trane sal wees nie. Is dit goed genoeg vir ons Here en Redder om te wag totdat elkeen van ons hierdie aarde verlaat om te begin om in gemeenskap met Hom te leef, die rede hoekom ons geskep was? Ek het geweet dit was nie goed genoeg nie, nie wanneer ek nadink oor wat Hy alreeds vir my gegee het nie.

My diepste begeerte het geword om vir Jesus te word wat Hy verdien en na gehunker het—om met Hom in gemeenskap te leef op 'n diep en intieme manier. Ek wou, op daardie oomblik in tyd, soos Adam wees (wie saam God geloop het in die "koelte van die dag"), soos Enog (wie opgeneem is hemel toe; miskien omdat God so baie van sy geselskap gehou het), en soos Moses (wie van aangesig tot aangesig met Hom gepraat het, soveel so dat Moses se gesig "geskyn het soos die son"). Dit was wat ek wou gehad het en waarna ek gesmag het.

Alhoewel ek weet ek is niks nie en sekerlik onwaardig om 'n behoorlike metgesel vir Jesus te wees, kan God my sekerlik maak om te word wat Hy wil hê ek moet wees, as ek net vra. So ek het Hom gevra om my te wys, om my te leer, en om my die Here se metgesel te maak, die bruid wat Hy begeer en so ryklik verdien.

Omdat ek gevra het, het baie dinge oor die volgende paar maande gebeur; party dinge kan ek onthou en party dinge sal God moet terugbring na my geheue, as dit dinge is wat ek veronderstel is om met julle te deel. Die vernaamste ding wat gebeur het, die keerpunt, was toe ek begin het om vir Hom te sê dat Hy al was wat ek wou hê en al was wat ek nodig het, soos ek in die vorige hoofstuk genoem het.

Dit mag dalk nie vir jou nodig wees om alles te ervaar waardeur God my gelei het, om hierdie hoogtepunt te bereik waar jou lewe vir ewig verander nie. As jy nog nie begin het om hierdie woorde aan die Here te sê nie, begin asseblief nou dadelik. Net om jou te bemoedig, vir 'n baie lang tyd het ek nie daardie woorde *gevoel* nie, maar binnekort sal jy sien, soos ek het, dat jou fokus sal verander, en met dit, jou hart.

Wees gereed. Sodra jy genoeg verander het, sal God iets doen wat jou lewe onderstebo sal draai. As jy luister, as jy genoeg tyd saam met Hom in jou gebedshoekie spandeer het, tyd alleen saam met Hom, sal jy alles weet wat vorentoe gaan gebeur, lank voor dit gebeur. Dit sal jou genoeg tyd gee sodat jy nie geskud sal word nie. "Berge kan padgee, heuwels kan wankel, maar my liefde vir jou sal nooit verdwyn nie, my vredeverbond met jou sal nooit wankel nie, sê die Here, wat jou liefhet." Jesaja 54:10. Hy sal jou wys, voor dit gebeur, dat jou wêreld, soos jy dit ken, op die punt staan om te val, net soos wat Hy met my gedoen het. "Moenie skrik nie, moenie bang wees nie! Het Ek dit nie van *lankal af aan julle* **verkondig**, *dit vir julle gesê nie?* Julle is my getuies: is daar 'n God buiten My? Daar is geen ander Rots nie; Ek weet van geeneen nie." Jesaja 44:8.

Die rede hoekom jou lewe op die punt staan om te val, is omdat ons fondasie geskep en bymekaar gehou was, deur ons. Tog ons begeerte, en Sy begeerte, is om jou 'n nuwe lewe te gee. Die einste fondasie wat Hy op die punt staan om vir jou te gee: Sy lewe vir jou, Sy fondasie, wat hoog op die Rots sal wees, bo jou vyande, daar sal Hy " 'n nuwe lied in jou hart sit, 'n loflied aan ons God!"

"Om die lewe te vind,
Moet jy dit veloor,
Al die verloorders kry 'n kroon."

Die oomblik toe my wêreld geval het, toe ek my lewe verloor het, het ek die Een gevind wat God vir my geskep het. Die verskil is so betekenisvol soos die verskil tussen die wêreld en die hemel. My reis en my fokus nou, is om met vrouens oral te deel, soos jy liewe mens, hoe om die oorvloedige lewe te vind wat Hy geskep het, vir jou om te leef.

Dit is nie meer vir my genoeg om hierdie lewe net vir myself te wil hê en om 'n "metgesel" vir ons Hemelse Man te wees nie, wat ek weet Hy verdien en na hunker. Ek *hunker* om Sy beminde te wees, **en** ek wil soveel passievolle bemindes na Hom toe trek as moontlik—soveel as wat ek kan, en vir so lank as wat ek hierdie lewe lei wat Hy vir my hier op die aarde gegee het.

Wat jy sal vind, as jy hierdie "reistog van 'n leeftyd" aanpak, is 'n lewe wat bars van VREUGDE wat werklik onuitspreeklik is. Dit is elke belofte waarvoor gehoop is, nou geleef. Dit is bo enigiets waaroor jy al ooit gehoop het, gehuil het of selfs kon voorstel. Alles wat jy het word niks in vergelyking met wat jy op die punt staan om te ontvang deur jou verhouding met die Minnaar van jou siel, en uit die hand van Hom wat na jou *hunker!*

Ek bid dat hierdie hoofstuk ook 'n groter hunkering sal skep wat so diep is en 'n begeerte wat so passievol is, dat jy sal begin om die Here te vertel net hoe jy oor Hom (wil) voel. Elke keer wat jy seerkry, jy verboureerd is, jy alleen is of jy voel jy kan nie aangaan nie, moet jy na 'n stil plek toe gaan (al is dit net die stilte van jou eie gedagtes as daar geraas rondom jou is) en sê vir Hom dat HY al is wat jy wil hê en dat HY al is wat jy nodig het.

Sê vir Jesus sedert jy Hom het, jy alles het wat jy ooit sal nodig hê om jou gelukkig, veilig, bemin en volledig te maak.

Ter afsluiting, laat ek nog woorde van die liedjie waarmee ek geopen het, met jou deel.

"In jou swakheid, is Hy sterker,
In jou donkerte, skyn Hy deur.
Wanneer jy huil, is Hy jou troos,
Wanneer jy heeltemal alleen is, DRA Hy jou!"

Die Liefde van My Lewe

'n Liggaam wat nie asemhaal nie,
is dood. So is die **geloof wat nie
tot dade kom nie**,
ook dood.
—Jakobus 2:26

Toe ek as gasvrou opgetree het tydens 'n middagete by my huis, vir herstede huwelike (en elke keer wat ek die plesier gehad het om bediening te gee aan ledemate van my kerk), het ek gesien dat daar baie min is wat regtig die soort verhouding met die Here het soos wat ek nou ervaar. Wanneer vrouens wat ek as baie geestelik ag, oor hulle mans of voormalige mans praat, is hulle dikwels op die rand van trane omdat hulle hunker na hom, of hulle raak skoon opgewonde as hulle oor hul huweliks herstel praat. Dit het vir my gewys dat hulle harte **nie** vir die Here is nie, maar nog steeds baie vir hulle VM.

God sien ook jou hart as jy *hunker* na iemand anders behalwe Sy Seun en dit moet Hom grief, selfs meer as wat dit my grief. Ek wil dit so graag oordra aan elke vrou in die wêreld— o, kosbare een; daar is GEEN REDE vir jou om seer te kry nie, nooit nie. Daar is geen rede vir jou om te hunker na 'n man wat *hunker* na die wêreld en die dinge van die wêreld nie. Jy het 'n spesiale Iemand wat jou sal koester en liefhê. Hy sal ook vir jou elke begeerte van jou hart gee en as jy genoeg van Hom het, sal jy nooit weer daardie pyn van verwerping of hunkering ervaar nie.

Die Een van wie ek praat is nou op Sy knieë met 'n huweliksaanbod op Sy lippe! Hy wil nie hê jy moet sy vrou wees nie, Hy hunker dat jy Sy Bruid sal wees—vir altyd!! 'n Bruid en 'n vrou is twee baie verskillende dinge. 'n Bruid word gekoester, is nuut en is iemand wat baie *verlief* is! 'n Vrou is meer van 'n helper en 'n "aanvuller." Die Bybel sê dit vir ons, en jy het dit ook in *'n Wyse Vrou* geleer; maar God wil iets meer vir jou hê. Hy hunker dat jy die HERE se Bruid sal wees.

Net onlangs, was ek in staat om hierdie soort liefde aan my VM te verduidelik, toe hy my weer gevra het om met hom te trou. Ons egskeiding was nog nie eers vir twee maande gefinaliseer nie, maar hierdie gesprek het so dikwels opgekom en ek bieg dit maak my hartseer omdat ek weet hy kan eenvoudig nie verstaan wat met my gebeur het nie. Wat ek nie die vrymoedigheid het om te verduidelik nie, is dat alhoewel ek instemmend moet wees, het die Here vir my gesê daar is 'n rede hoekom ek nie weer kan trou nie, ek glo dit is omdat ek nou aan Hom behoort (ten minste vir hierdie seisoen in my lewe).

Gedurende hierdie intense gesprekke, het my VM aangehou om druk op my te plaas om hom te help om weer gelukkig te wees, hom terug te vat en te vergewe. Ek het vir hom gesê dat ek hom natuurlik vergewe en ek is verheug dat ons goeie vriende is, maar selfs al **sê** hy hy is lief vir my, dit is nie ware liefde nie. Ek het vir hom gesê dat die liefde wat hy het selfsugtig is, nie omdat *hy* noodwendig selfsugtig is nie, omdat ons almal is. Dat elkeen van ons net omgee oor dit wat ons gelukkig maak, nie wat ander gelukkig maak nie.

My VM wil hê ek moet my geluk opgee, wat ek nou saam met die Here het, sodat hy gelukkig kan wees en dit is wat hy liefde noem. Maar dit is nie ware liefde nie, nie die soort liefde wat ek van die Here kry nie, ook nie wat hy met die Here kan ervaar as hy die geleentheid gegun word nie. Die soort liefde wat ek nou het, is wat ek in staat was om vir my VM te gee gedurende die onlangse egskeiding.

Die liefde wat ek vir hom gegee het (omdat ek dit van die Here ontvang het) was nie selfsugtig nie, maar eenvoudig om onselfsugtig te gee. Dit het my in staat gestel om "blymoedig" vir hom die egskeiding te gee wat hy wou gehad het (omdat God hou van 'n blymoedige gewer) omdat Hy op hierdie manier vir ons gee. Dit het my in staat gestel om my man te laat gaan omdat hy het gesê hy wou 'n ander vrou hê. En op die gebied van ons finansies, omdat Hy vir my gegee het, was ek in staat om entoesiasties ons hele familie se skuld oor te neem (dit was honderde duisende wat van my af weggesteek was), wat ek geen idee gehad het hoe ek dit ooit sou kon betaal nie, maar ek het eenvoudig vertrou dat Hy sekerlik vir my sou gee wat ek nodig gehad het.

Die liefde wat die Here vir my gee het my in staat gestel om gewilliglik die verantwoordelikheid van ons vyf kinders oor te neem, wie nog almal in die huis bly, vir hom gesamentlike toesig te gee sodat hy hulle enige tyd kan neem wat hy wil, asook om egskeidings papiere te teken waar van my verwag word om enige besluite wat hulle raak (en sonder twyfel sal meeste van die besluite wat ek maak ons kinders raak) met hom te bepreek.

Die soort liefde gaan ver bo wat gevra word en gee meer as wat gevra word. Dit beteken om my kinders aan die ander vrou te gee (tyd en vriendskap met haar) en die verhouding aan te moedig omdat dit is wat my VM wou gehad het ek moes doen. En hierdie lys van behoeftes vermeerder daagliks.

Weer eens, net hierdie week, het my VM vir my gesê dat hy nou so ellendig is dat hy geen idee het wat hy gaan doen nie. Hy het gesê dat hy gewillig is om ons kinders vir my te tuis-skool en 'n "huis-man" te wees wat maaltye voorberei en die huis skoon hou, as ek hom net sou terugvat. Ongelukkig, het ek hom verseker dat ek nie daardie soort huwelik kon hê wat hy voorgestel het nie, maar ek het hom bedank dat hy so vriendelik en nederig is.

Toe my VM vir my gesê het hoe baie hy my nog liefhet en my gesmeek het om hom te vergewe sodat ons weer kon trou, het ek vir hom gesê dat ek hom sekerlik vir alles vergewe en dat daar niks is wat hy kan doen om my goedgunstige gevoelens te verander nie. Maar, hy het my nie lief gehad met die soort liefde wat ek nou kry nie en wat hy net in die Een wat hom so liefhet soos wat Hy my liefhet, kon vind. En die liefde wat hy sê hy vir my het was 'n selfsugtige liefde wat elke mens besit. En ek het verduidelik dat die liefde wat hy nou van my voel, en wat ek in staat was om aan hom te wys sedert hy gesê het hy soek 'n egskeiding en om my te los, is die soort liefde wat net die Here kan gee.

Ek het vir hom gesê dat toe hy 'n egskeiding wou gehad het, omdat hy gesê het dit sou hom gelukkig maak, het ek dit blymoedig vir hom gegee. Toe hy wou gehad het ek moet al die skuld en verantwoordelikheid om vir die kinders te sorg oorneem, het ek dit blymoedig vir hom gegee. Toe hy vir my gesê het dat die *NV die een was wat hom gelukkig maak, het ek hom vir haar gegee en hom gehelp om 'n beter verhouding met haar te hê. Toe hy 'n goeie verhouding tussen die NV en my kinders wou skep, omdat sy hul stiefma sou wees, het ek dit aangemoedig en gedoen wat ek kon om hulle te help om van haar te hou.

*NV: Gedurende my eerste Herstel Reis het ek na die ander vrou verwys deur AV te gebruik, wat in Engels OW (other woman) is en ook "ouch" beteken, want om van haar te weet maak so seer. Maar hierdie keer het dit glad nie seergemaak nie, aangesien ek deur Sy liefde omsingel was. So instede daarvan, het ek eenvoudig na haar verwys as net "nog 'n vrou" en daarom gebruik ek eerder NV.

Ek het vir hom gesê dat dit die manier is hoe God my liefgehad het. Dat Hy vir my alles gegee het wat ek wou gehad het en nodig gehad het, en niks weerhou het nie. En dit was omdat ek Sy soort liefde gehad het wat deur my vloei, dat ek in staat was om daardie onselfsugtige liefde vir hom te gee.

Die selfsugtige liefde wat die mens besit lei hulle om hulle eie geluk te wil hê en nie om te gee oor iemand anders se geluk nie, dit is wat hy nie verstaan nie en nog steeds doen deur druk op my plaas om op te gee wat ek nou in my lewe het. Wat ek nou het is suiwer vreugde en geluk wat verkry word deur saam met die Here te wees—Hy is al wat ek wil hê en al wat ek nodig het en ek het dit vir my VM vertel.

My VM was baie stil en somber toe ek klaar gepraat het. Toe het hy om verskoning gevra omdat hy weer die lewe wou kry wat hy wou gehad het ten koste van myne, hy het gesê dat hy verstaan wat ek besig was om te sê. Ek is nie seker of hy regtig verstaan het nie, maar sy stemtoon het verander na ons gepraat het. My hoop is dat dit hom sal aanspoor om regtig te wil hê wat ek het: 'n verhouding met die Here wat hom van binne af sal verander en niks sal dit kan skud nie.

Die waarheid is dat my VM gedink het as hy my los om saam met sy hoërskool liefde te wees, hy gelukkig sou wees. En omdat ek niks weerhou het nie, maar gewilliglik alles gegee het (soos wat die Here vir my alles gee), het hy dadelik gekry wat hy gedink het hy wou gehad het en gevind dat hy weereens, kort gekom het. Hy is nou selfs meer ellendig en het nou sy rug op die ander vrou gedraai. Nou wil hy my weer hê omdat hy my suiwer vreugde, te midde van alles waardeur hy my gesit het, gesien het, en die seëninge wat ek nou in my lewe ervaar.

Dit is omdat ek weet ek is nie wat hy nodig het nie, nie meer as wat die ander vrou is nie. Soos hy, het alle mans Jesus nodig net soos alle vrouens, maar in plaas daarvan kyk hulle na vrouens, sports, geld, roem, ens., alles wat 'n man leeg laat voel, net so leeg soos die vrouens wat na hulle mans kyk (of net mans in die algemeen) en al die dinge van die wêreld om hulle gelukkig te maak!

Die Here wys vir my dat getroud of nie, ELKE vrou moet smag en hunker na Hom. Dit is die boodskap wat ek aanhoudend deel met my dogters en die jong vrouens aan wie ek in my kerk bediening gee. Ek hoop om die saad te plant en die begeerte aan te wakker om **nou** hierdie baie spesiale en lewenslange intimiteit met die Here te verkry sodat hulle nie hul oë en harte na hulle mans sal draai nie (om hulle behoeftes en begeertes te vervul), maar om elke "geheim van hulle harte" met die Here te deel, nie net nou nie, maar vir altyd.

Wanneer hulle getrou aan die Here is en aanhou om **net** agter Hom aan te hardloop, sal hulle straal met die glans van 'n nuwe bruid solank as wat hul getroud is! En solank as wat hulle die Here agternasit, en nie hulle mans nie, sal hulle mans hulle agternasit (maar hulle nooit verbysteek nie) omdat hulle harte gevestig sal wees op Jesus! En as hulle hul harte na hulle mans toe draai, sal hulle mans verseker hul harte wegdraai om ander dinge na te jaag (die wêreld, 'n AV, stokperdjies, buite vriendskappe of werk).

Dit is my boodskap aan alle vrouens, jonk en oud, en die boodskap wat ek die res van my lewe sal deel met almal wat sal luister! My God sal in al julle behoeftes voorsien! En een van ons grootste behoeftes as 'n vrou is om intimiteit te hê met iemand wie ons onselfsugtig sal liefhê en daardie persoon is Jesus, ons Hemelse Man.

So wat sal gebeur met al die mans in die wêreld as die vrouens begin om hierdie soort verhouding te hê met die Een wat ons geskape het? Ek glo dat dit verseker hulle aandag sal trek! Ek glo dat sodra vrouens OPHOU om mans agterna te sit, sal mans ongemaklik begin word. Ek glo dat die wêreld, en die ander dinge wat hulle agternasit, nie meer dieselfde opwinding sal hê as wat dit eens op 'n tyd gehad het nie.

Ek glo ook as ons kosbare Beminde weet dat Hy ons harte het, Hy met genoeë sal begin om die harte van ons mans terug te draai na ons toe en hulle sal warm op ons spoor wees! Ek het dit in my eie lewe gesien gebeur, asook in die lewens van die dames in ons kerk wat hierdie kragtige konsep begin verstaan en uitleef!!

En soos wat ons dit uitleef, sal ons straal met 'n hemelse glans omdat al die vrees en pyn van ons gesigte verwyder sal wees en ons sal straal met die liefde van die Here!! Dit sal alle vrouens aantrek om die Here lief te hê soos ons doen, daarna sal die mans gedraai word, wie hulle vrouens sal wil teruhê, na God toe en 'n verhouding met Sy Seun!

Tog, selfs al wil hulle ons hê, moet hulle ons nooit kry nie (ten minste sal hulle my nie kry nie!). Elke liefdes liedjie wat ek nou hoor, sing ek vir die Here (en ek sing dit luidkeels wanneer ek alleen in die motor is!). Ek hou daarvan om soet onbenullighede te sê elke keer wat ek aan Hom dink, die heel dag lank, veral wanneer ek regmaak vir bed, wanneer ek in die bed klim en wanneer ek in die oggend wakker word.

Ek kan nie wag om my oggend koffie te kry en dan alleen saam met Hom na 'n stil plek te gaan en my koffie te deel, terwyl ek luister wat my Beminde elke oggend vir my sê nie. Dan sit ek en skryf eposse aan my naaste vriendinne om vir hulle te vertel hoe wonderlik my Beminde is (net soos wat ek nou met jou doen)! My lewe kan beny word, selfs al het ek in ons wêreld omtrent alles verloor. My hoop, in die skryf van hierdie boek, is om 'n oorweldigende hunkering en verlange in elkeen van julle harte te skep om dieselfde ding te wil hê!

Ek sal daarvan hou om te weet dat jy 'n soortgelyke gesprek met Hom het heel dag lank, elke dag, omdat jy uiteindelik besef Hy is daar reg langs jou. Eerder as om te dink aan die dinge wat jy moet doen, vra Hom om vir alles te sorg omdat Hy jou Man IS! En raai wat? Hy sal! Ek leer nog steeds wat hierdie verhouding alles het om te bied—want na alles, ek is 'n nuwe bruid.

Toe ek die ander dag bediening gegee het aan 'n enkel (nog nooit getroud) jong dame, het ek verduidelik dat as hierdie tipe "liefdes verhouding" met die Here plaasvind in 'n huwelik (wat *voor* 'n huwelik moet ontwikkel), hoef geen vrou ooit swaar te kry nie!

Verbeel jou, as jy sal, dit is 'n groot banket kos wat voor jou uitgesit word. Gaan jy honger ly as die grondboontjiebotter toebroodjie, wat jy normaalweg eet, nie daar is nie? Wat as jou bank rekening miljoene beloop, sal jy ooit tien rand mis wat iemand nie vir jou gegee het nie? Dit is hoe dit is wanneer jy alles van Jesus het! Jy sal nooit iets nodig hê of wil hê van enigiemand anders nie. In plaas daarvan, kan jy jou kos deel (wat nooit opraak soos die brood en die vissies) met almal wat honger is. Jy kan jou rykdom deel met almal wat arm is. Jy kan jou liefde aan jou kinders of man gee sonder die **nodigheid** dat hulle hulle liefde moet teruggee. Dit is hoe God bedoel het ons moet leef en die rede hoekom Hy Sy Seun gestuur het om ons Man te wees: om te lewe, te sterf en die sleutels tot die dood, doodgaan, trane, pyn, en skande te hou.

Gevolgtrekking

Daar is geen twyfel dat ons wêreld vandag verarm is nie en dit is ons verantwoordelikheid om hulle met die waarheid te voed. Maar, ons kan nie aan ander uitdruk wat ons nie self het nie, wanneer ons in armoede en nood lewe! Ons moet eers fees op die intimiteit wat ons sin is wanneer ons die tyd neem om dit te ontwikkel. Niks kom daarvan om daaraan te *dink* nie—dit kom deur ons lewens te prioritiseer deur ons harte eers te prioritiseer!

God is op die punt om die vrouens van die wêreld te skud en ek wil eerste in lyn wees om Hom te volg. Toe ek gedink het aan die hemel (ek het 'n liedjie gesing oor hoe ek in my Vader se huis bly waar daar baie kamers is), het ek vir die Here gesê dat ek die kamer naaste aan Syne wil hê. Ek het vir Hom gesê om nie verbaas te wees as ek by Sy deur slaap nie, want ek kan nie verdra om te ver weg te wees nie. Ek sou eerder by die voetenent van Sy bed slaap, as Hy my sou toelaat, soos 'n klein hondjie wat sy meester liefhet, as die mees gemaklikste bed in die hemel.

Die waarheid is, ek stel nie regtig belang om my kroon by Sy voete te gooi nie (alhoewel Hy dit verdien) of om te hoor "wel gedaan my goeie en getroue slaaf" nie. Ek stel net belang in die lang omhelsing met Hom wat ek hoop vir ewigheid sal hou.

Gee dit Weg

Gee, en aan julle sal **gegee** word.
'n Goeie maat wat **ingedruk** en geskud
en oorlopend is,
sal hulle in jul skoot gee,
want met dieselfde maat waarmee julle meet,
sal weer vir julle gemeet word.
—Lukas 6:38

Op hierdie oomblik is ek in 'n effense finansiële krisis, so is daar 'n beter tyd as nou, om die wonderlike beginsel te deel wat God my leer in my lewe? Meeste van julle wat uit mekaar gaan en egskeiding in die gesig staar, sal ook finansiële krisisse ervaar, want dit wil voorkom asof dit hand-aan-hand gaan. En vrees gebruik die finansiële krisis as 'n oop deur om jou te martel en jou geloof aan te val. Dit sê ek uit persoonlike ondervinding.

Die goeie nuus is, as ons eenvoudig die beginsel van *gee* **te midde** van ons gebrek, verstaan en aangryp, sal jy vind, soos ek, dat God eintlik beproewinge ontwerp het om dit wat jy het te **vermeerder**, nie om eenvoudig jou geloof te *toets* nie. Laat ek dit so stel: wanneer daar 'n "gebrek" is in jou finansies (of enige ander area van jou lewe), wil God hê jy moet gee (soos Hy jou lei), sodat Hy dit wat jy het kan **vermeerder**.

Natuurlik wil ons vlees die teenoorgestelde doen; wanneer ons gebrek het, neig ons om dit wat ons het, weg te steek of op te gaar. Soos alle geestelike dinge, moet on die vlees doodmaak (deur dit nie te voed nie) en deur die gees gelei word, sodat die gees en ons geloof sal vermeerder. Met hierdie waarheid, sal jy die vermoë besit om jou gemoedstoestand te verander, sodat wanneer daar *gebrek* is, jy sal juig om te weet dat God hierdie gebrek ontwerp het sodat daar *vermeerdering* in jou lewe bewerkstellig kan word!!

Toe my man aangekondig het dat hy van my gaan skei, het hy ook vir my gesê dat hy my met al die familie skuld gaan los (waarvan baie weggesteek was), en dat hy nie onderhoud vir die kinders sou betaal nie. Dames, wanneer jy in die Rooi See gedruk word, wat, as ek mag sê, ek gevind het 'n wonderlike plek is om te wees, is dit nie die tyd om paniekerig te raak nie. Dit beteken net God gaan binnekort opdaag! Ek verkies eerlikwaar hierdie groot krisisse as die ander kleineres want ek kan maklik sien dat dit God is Wie my op stel. Ek het altyd gedink dat dit die duiwel was of sulke nonsens (soos die ander persoon wat uit was om my te kry). En as gevolg van hierdie onkunde, kan ek my nie indink hoeveel keer ek een van God se seëninge gemis het nie, omdat ek daarteen baklei het—terwyl Hy my heeltyd probeer seën het. Ek is nie seker nie, maar ek kan nie onthou dat iemand my ooit van hierdie beginsel geleer het nie, is dit omdat niemand dit regtig verstaan nie?

So, om dit duidelik te maak, wanneer jy *gebrek* in die gesig staar of as dit voorkom asof iemand jou in een of ander soort gebrek wil druk—moenie daarteen baklei nie en moet asseblief nie paniekerig raak nie; juig eerder, God gaan jou binnekort seën! Die vers wat my geleer het wat om te doen was, "Maar Ek sê vir julle: 'Julle moet julle **nie** teen 'n kwaadwillige mens verset nie. As iemand jou op die regterwang slaan, draai ook die ander wang na hom toe. As iemand jou hof toe wil vat om jou onderklere te eis, gee hom ook jou boklere.

As iemand jou dwing om sy goed een kilometer ver te dra, dra dit vir hom twee kilometer.'" (Matteus 5:39-41)

Maar, selfs al het Jesus vir ons gesê wat om te doen, wil ons eerder aan ons hemp vasklou of dit wegsteek. En God help ons, ons sal nie nog een ekstra myl loop nie! Inteendeel, selfs Christene soek 'n prokureur om geld weg te steek en mag selfs probeer om iets te kry van die persoon wie op sy beurt probeer om te kry wat ons het. Dit is waarvoor 'n prokureur betaal word, dit is hoekom ek so dankbaar is teenoor Erin, wie my vroeg geleer het om eenvoudig op die Here te vertrou om vir ons te baklei en prokureurs te laat gaan.

Laat ons realisties wees, wanneer ons optree soos die wêreld doen, wys ons ons onkunde oor God se Woord en Sy maniere en dit bewys ook ons is nie Sy kinders nie, want as ons was, sou ons nie so onbetaamlik opgetree het nie! En sodra ons optree soos wat by 'n erfgenaam van ons hemelse Vader pas, sal ons bewys dat ons so ongewoon vreemd is dat ons nie kan verhelp om die verlorenes aan te trek om notisie te neem nie en hulle sal vinnig in Jesus begin glo. Kan jy glo dat hierdie bonus by ons vermeedering gesit word?! Dit is wat dit beteken om aan die velorenes te "getuig", nie om vir hulle 'n opname te gee of die Romeine Pad na verlossing op te sê nie. Die verlorenes moet kan sien hoe ons anders leef.

So na elke situasie van nood of gebrek wat my onlangs van elke kant getref het en ook deur met my lippe te erken, "God Jy is op die punt om my te seën!", kan ek na my bid hoekie toe gaan om met die Here te praat sodat ek kan weet hoe Hy wil hê ek elke situasie moet hanteer.

Byvoorbeeld, net laas week het ek papiere van ons boekhouer gekry wat verklaar het dat ons (wat nou "ek" is omdat ek ingestem het om die skuld oor te neem) *duisende* aan agterstallige belasting skuld. So mal as wat dit mag klink, ek was nogal opgewonde om te sien wat

God gaan doen omdat ek geweet het Hy het die hele ding opgestel om vir my te wys hoe kragtig en getrou Hy is. Die Here is mal daaroor om geprys te word en net soos enige man, wil Hy hê ek moet weet net hoe wonderlik Hy is as my Man, aangesien ek nou Sy nuwe bruid is (ten minste voel ek soos 'n nuwe bruid)!

Ook, wetende hoe maklik finansies (of die gebrek daaraan) vrees kan inboesem, het ek nie die bladsye en bladsye papierwerk te versigtig gelees nie, ek het dit eerder op my lessenaar gelos tot die volgende oggend sodat ek genoeg tyd kon hê om dit met my Here te bespreek. Ek wou geweet het wat Hy wou gehad het ek moes doen en verseker nie om met 'n plan vorendag te kom nie (nie my plan of enigiemand anders se plan nie, dit is hoekom ek nooit my probleme met ander bespreek nie!). Laat ons nooit vergeet nie, vir elke beproewing, toets, versoeking of krisis, het God alreeds 'n plan in plek wat 'n seëning aan die einde insluit. Hy wil nie hê dat ons ons eie planne moet uitdink oor hoe om uit te kom nie. In plaas daarvan wag Hy eenvoudig vir ons om na Hom toe te kom, nie in 'n toestand van paniek en smeking nie, maar in uiterste vertroue net soos 'n kind na sy pa toe sal gaan wat enigiets kan (en sal) regmaak!

Dit was in my gebeds hoekie toe die Here my verseker het dat Hy my "beskerm" en dat Hy my sou lei deur die hele proses met betrekking tot my belasting. Sonder om dit eintlik te sê, het Hy my herinner aan wat net weke vantevore gebeur het toe ek hierdie beginsels begin volg het: Toe ek niks gehad het nie maar *gegee* het (en net omdat Hy die vermoë voorsien het om te gee toe ek vir Hom gesê het ek sal), het Hy my geseën met 'n onverwagte seëning van duisende dollars!

Terug na die agterstallige belasting. Die volgende oggend het Hy my gelei om my tjekboek te kry en om versigtig deur die papiere te begin lees wat al die verskillende tjeks vir die agterstallige staatsbelasting en federale belasting gelys het. Met elke omblaai het die bedrag bly groei todat ek besef het dat ek tienduisende skuld wat my pragtige veiligheidsnet sou uitwis (die duisende dollars wat nog oor was in my bank rekening) en terwyl ek gelees het, kon ek die Here hoor fluister, "Vertrou jy my?" en ek het geglimlag met my antwoord, wat "Natuurlik!" was.

So het Hy my gelei om die een tjek na die ander uit te skryf. Toe ek klaar was, het Hy my gelei om die tjeks daar op die lessenaar te los. Daardie aand en die volgende oggend, elke keer as ek aan die agterstallige belasting gedink het, het ek vir my Beminde gesê dat Hy al was wat ek wou hê, dat Hy al was wat ek nodig gehad het en hoe baie ek Hom liefhet en aanbid. Die volgende oggend, toe ek oppad was om die tjeks in die gepaste koeverte te sit om te pos, het God my oë oopgemaak vir die feit dat ek nie die tjeks kon uitskryf uit die kerk se rekening, soos wat ek gedoen het nie, maar dat dit persoonlike belasting was wat ek uit my persoonlike rekening moes betaal! As hierdie bedrag die groot veiligheidsnet in die kerk se rekening kon uitwis, was daar geen manier wat ek daardie tipe geld in my persoonlike rekening kon hê nie!

Tog toe ek die Here daarvan vertel, het Hy my eenvoudig weer gevra of ek Hom vertrou en vir my gesê, "Dit is daar."

Dames, ons word gevra om te glo wat ons nie sien nie, en om God te vertrou vir elke wonderwerk *deur **geloof***, daarom het ek geglo al het ek "gesien" ek het niks, en God was weer wonderlik getrou! Die Here het my weer gelei om een tjek op 'n slag kalm uit te skryf, uit my persoonlike rekening, todat daar uiteindelik net een tjek oor was om te betaal. Dit is toe wat Hy my gelei het om te stop. Toe ek gestop het, het ek besef dit was die grootste tjek en dat ek eintlik die ander tjeks "uit volgorde" van hul betaal datum, geskryf het. Dit is toe wat die vyand my probeer oortuig het om hierdie een onbetaald te los en hoofsaaklik gemartel het om die skuld "uit volgorde" te betaal. Tog het ek voort gegaan en daardie een skuld vir amper 'n week gelos todat die Here my terug gelei het na die papiere en my tjekboek.

Toe hierdie beproewing oor en verby was, het ek **al** die agterstallige belasting uit my persoonlike rekening betaal!! Daar is geen manier wat dit moontlik kon wees nie—geen manier nie!! Maar Hy het 'n manier gemaak, ek kan nie verduidelik hoe Hy dit gedoen het nie!

So, toe ek hierdie week my nuwe finansiële krisis is die gesig moes staar, het my eie getuienis in my gedagtes opgekom, want weereens was ek in die Rooi See gedruk. Ek is seker dat dit die nadraai van die agterstallige belasting was, maar hierdie week, toe dit tyd raak om die huis paaiement te betaal, het ek geweet die geld was nie daar nie. Ek het absoluut niks gehad nie. Wat my hartseer gemaak het, maar my laat lag het, was dat ek nie eers genoeg gehad het om vir my drie jongste kinders se uitstappie te betaal nie—'n totaal van $6.00 (Ek hoop jy lag ook)! Ek het net klaar salaris tjeks uitgeskryf en die kerk se rekeninge betaal, toe ek weereens aangesig tot aangesig met die Rooi See kom.

Wat my ook laat lag het was dat hierdie een area was waaroor my VM my gespot het en aanhoudend vir my gesê het dit gaan gebeur. Hy het selfs 'n punt daarvan gemaak om vir ons ouer kinders te vertel dat ek die "huis gaan verloor" met my "dwase gegee" wat ek in *dwaasheid* beweer het is "geloof." Natuurlik het ek nooit probeer om myself te verdedig nie want die Here weet ek **is** 'n dwaas. 1 Korintiërs 1:27 sê, "En tog, wat vir die wêreld onsin is, het God uitgekies om die geleerdes te beskaam; wat vir die wêreld swak is, het God uitgekies om die sterkes te beskaam." Jip, dit is ek.

Alhoewel ek gewoonlik probeer om Saterdae die boeke te doen, het ek geen idee gehad wat om te doen nie. So wanneer ek nie weet wat om te doen nie, doen ek niks; ek dink nie eers aan wat gedoen moet word nie. Weereens het ek die tjeks en die rekeninge gelos en kamer toe gegaan om by die Here te rus en in Sy goedheid. Ek het elke geleentheid aangegryp om alleen saam met die Here te wees, nie sodat Hy my kon gerusstel nie, ook nie sodat ek kon huil en smeek nie, want ek was eintlik vol vreugde en blydskap. Ek het eenvoudig tyd alleen saam met Hom spandeer om my liefde aan Hom te bevestig en Syne vir my—ek het vir Hom vertel dat Hy al was wat ek nodig het en al wat ek wou hê. Dit was naby die einde van elke kort ontmoeting wat ons gehad het, wat die Here vir my sou sê, "Dit is daar," menende die geld was daar. Ek weet dat ek nie geweet het *waar* dit weggesteek was nie, maar Hy het gesê dit is daar, Hy sou my wys hoe om dit te kry.

Laat ek byvoeg, die Here het wonders gedoen om my geloof te bou. Ek het Hom ongelooflike dinge sien doen en om my geloof te vermeerder, het ek elke dag baie tyd spandeer om te dink aan elke keer wat Hy vir my deur gekom het en my geseën het. Om my seëninge te "tel" en te lys, een vir een elke dag, is wat my aan die slaap sus en dit is ook hoe ek elke oggend wakker word, deur hulle te herhaal. Ek doen dit om my gedagtes te hernu en in al my alleentyd saam met Hom, vertel ek Hom ook graag hoe wonderlik dit of dat was.

Saam met dit hou ek ook nooit opwindende goed vir myself nie. Ek vind ook baie geleenthede om vir ander van elke wonderwerk te vertel wat Hy doen. En omdat ek vyf kinders het, hou ek daarvan om vir elkeen apart te vertel. Want elke keer wat ek daaroor praat, vermeerder dit my geloof (en hulle geloof) en dit gee aan God die eer wat Hy verdien. So dikwels wanneer God vir ons deurkom, erken ons skaars wat gebeur het. Dit verswak ons geloof eerder as om dit te bou. Diegene wat lofverslae na RMI stuur, ek is terloops mal daaroor om dit te lees, en wie 'n punt daarvan maak om vir ander van God se getrouheid te vertel, is dié wat groot en kragtige dinge in hul lewens sien! So wanneer God iets doen, dink terug aan 'n tyd wat jy nie geweet het wat jy moes doen nie en hoe perfek Hy dit vir jou laat uitwerk het. Dink oor en oor en oor daaraan, gebruik elke geleentheid om ander se geloof te bou deur jou getuienis te deel, elke keer as God jou die geleentheid gee. Dit vervul ook die beginsel van gee dit weg wanneer jy gebrek ly en is ook 'n "getuienis". So as jy meer geloof kort, gee wat jy het weg deur met ander te deel wat Hy in die verlede vir jou gedoen het.

So dit was die volgende oggend, wat 'n Sondag was, toe ek opgestaan het soos gewoonlik deur vir Hom te vertel hoe gelukkig Hy my maak, hoe lief ek Hom het en 'n lys gemaak het van al die wonderlike dinge wat Hy die vorige dag vir my gedoen het, soos wat Hy my daaraan herinner het. Hy het my herinner dat my VM my gevra het vir "'n lening" toe hy weggetrek het, wat my finansieël uitgewis het (wat dit onmoontlik sou maak om die salarisse te betaal. Terloops, ek het nie die geld vir hom "geleen" nie, maar ek het vir hom gesê dit is 'n geskenk wat hy nie hoef terug te betaal nie). Daardie week, omdat daar nie genoeg was nie, het Hy vir my gesê om nie 'n salaris te vat nie (anders sou ek *nie* genoeg gehad het om die werknemers te betaal nie). Maar toe onthou ek, ek het nog steeds my groot veiligheidsnet (dit was nog daar, onthou, want ek het op 'n wonderbaarlike wyse die agterstallige belasting uit my persoonlike rekening betaal!). Daarom, net soos wat die Here gesê het, die geld was daar! Ek het myself eenvoudig 'n agterstallige salaris betaal, wat aan my verskuldig was, maar in my kop, soos wat ek vinnig uitgewerk het, sou ek nog *steeds* kort wees—maar ek was nie! Ek kon al (nie net sommige) ons familie se persoonlike rekeninge betaal. Alhoewel dit al meer as 24 uur gelede was wat die wonderwerk gebeur het, is ek nog steeds verbaas en kan ek nie uitwerk hoe Hy dit gedoen het nie!! Dis onmoontlik. Markus 10:27, "Jesus het reguit na hulle gekyk en gesê: 'Vir mense is dit onmoontlik maar nie vir God nie, want vir God is **alles** moontlik.'"

Voordat ek my huis paaiement betaal het, het die Here my gelei om 'n baie groot tjek vir ons Afrika Sendelinge te skryf en nog steeds was daar meer as genoeg in my persoonlike rekening! Later, wetende dat ek nodig gehad het om dit wat ek het te vermeerder (nie om net rekeninge te betaal nie), het ek vir God gevra hoe Hy wou gehad het ek moet gee. Onmiddelik het ek onthou een van my seuns het 'n deken stel vir sy kamer nodig gehad. So terwyl ek 'n paar dae gelede inkopies gedoen het, het ek manlike dekens in 'n nabygeleë winkel gesien, ek het onthou dat hierdie seun die enigste een was wat nie 'n nuwe deken stel gekry het toe ons 'n paar maande gelede na ons nuwe huis toe getrek het nie. So na kerk het ek na die winkel toe gegaan wat die Here in my gedagtes geplaas het. Ek het geweet dat ek sou kry wat ek wou gehad het, en ek het. En later toe ek vir my seun vertel wat ek vir hom gekoop het, het hy vir my gesê dat hy heeltyd gedink het dit is iets wat hy nodig het om te koop, maar hy het nie geld gehad om dit te koop nie, so hy het God vertrou om te voorsien. God wou hom seën en Hy het my gekies om dit te doen!

Aangesien daar nog steeds 'n gebrek in my bankrekening is en ek weet dat God hierdie gebrek gebring het om, weereens, te vermeerder wat ek het, sal ek aanhou kyk vir geleenthede om te gee. Baie verskillende idees het by my opgekom, maar ek sal eenvoudig wag en die Here toelaat om die deure oop te maak na die wat Sy idee is en nie myne nie. Waaroor ek mal is, is dat ons nie dinge hoef te laat gebeur nie, al wat ons moet doen is om na die deure toe te loop wat die Here vir ons uitwys in ons gedagtes of harte, dan moet ons wag dat Hy die deur oopmaak (soos 'n Heer sou). En as 'n deur nie oopmaak nie, beweeg net na 'n ander deur toe. Moet nooit, ooit 'n deur oop forseer nie—Sy manier is moeiteloos; die enigste moeite sal wees om jou geloof te beoefen.

Getuienis: Gee Meer

Die beginsel van gee wanneer jy gebrek het, is nie net van toepassing op finansies en geld nie, dit is ook waar vir elke area van jou lewe. Toe ek die effek van 'n "enkel ma van vyf" begin voel het, het my seun my gevra of sy vriend vir 'n week by ons kon kom bly aangesien hy nêrens gehad het om heen te gaan nie. Binne 'n paar uur het my dogter se vriendin gevind dat sy uit die huis gesluit was want haar ma was vir amper twee weke nie by die huis nie, so toe stel ek voor dat sy by ons bly. Dis omdat ek geweet het God was besig om my krag en stamina te vermeerder, en ek wou saam *met* God werk!

Daardie selfde week, het my broer wat in Asië bly, vir een of ander onbekende rede, nie my eposse gekry dat sy dogter **nie** vir 'n jaar by ons kon kom bly om skool toe te gaan nie en hy het my gedruk om reëlings te maak vir haar vlug! Eers toe ek begin saamwerk met wat die Here besig was om te doen, het ek gevind dat ek krag en stamina het wat ek nie geweet het ek het nie!! In my gebrek het God geleenthede geskep om die bietjie krag wat ek oorgehad het, weg te gee om sodoende vir my die vermeerdering te gee wat ek nodig gehad het!! En nou, wanneer ek ookal finansiele probleme het, weet ek dat ek moet kyk vir wat God wil hê ek moet doen om die bietjie wat ek oorhet, weg te gee.

God het hierdie beginsel jare gelede vir my gewys toe ek my babas geborsvoed het. Hoe meer my babas gevoed het, hoe meer melk het ek gehad. Baie dokters of laktasie spesialiste sal ongelukkig vir 'n mamma vertel dat sy moet aanvul met formule en dat sy nie genoeg melk het as haar baba knieserig is en heeltyd wil voed nie! Maar die waarheid is dat God daardie perfekte baba gemaak het en vir die ma al die kos gee vir haar groeiende baba. Al het ek dokters gehad wat vir my gesê het dat ek sal moet byvoeding gee (omdat ek groot babas gehad het, een was amper 5kg by geboorte), het ek geweet ek sal genoeg melk hê **as** ek net sou stil sit en my baba laat voed so lank as wat hy wou gedurende elke groeiversnelling!

Nie net het ek nie nodig gehad om my babas se dieet met formule aan te vul nie, maar ek was ook in staat om my oormaat melk vir 'n neonatale hospitaal te gee. Op 'n stadium het hul my gevra om 'n klein dogtertjie te te help wat net my melk kon verdra. So die hospitaal het elke dag 'n kar gestuur om my melk op te laai. Gedurende hierdie krisis het ek besluit om my baba aan die een kant te voed en het die melk van die ander kant vir die hospitaal gegee. Maande later het ek 'n foto gekry van 'n gesonde dogtertjie wat gesond genoeg was om huis toe gaan na haar familie toe.

God wil groot dinge doen wanneer ons Hom genoeg vertrou om weg te gee waaraan ons van nature wil vashou of opgaar omdat ons bang is dat ons nie genoeg sal hê nie.

Soos ek alreeds gesê het, hierdie beginsel werk in elke area van jou lewe: finansies, liefde, krag en tyd—die lys is eindeloos. Wanneer jy begin agterkom daar is 'n gebrek in enige area van jou lewe, is dit wanneer God sê, "Ek staan op die punt om wat jy het te vermeerder! Laat jou geloof nou vir jou werk. Glo wat jy nie sien nie, loop in daardie geloof. Moenie terugtrek nie; moenie begin vrees dat dit sal opraak nie. Ek is jou Bron, maar ek het jou geloof nodig, gewys deur jou dade (leef dit uit) vir hierdie geestelike wet om te manifesteer."

Om hierdie geloof uit te leef beteken nie dat jy sê, "Laat ek dit, dit en dit gee" nie, maar eerder dat jy uitkyk vir die geleenthede wat die Here bring en voor jou sit. Hulle sal groot en klein wees. Een oggend het ek 'n geleentheid gesien om 'n tiener te seën (wie ek geweet het Jesus nodig gehad het) met 'n beker Starbucks koffie. Toe sy weerstand gebied het, was ek in staat om met haar te deel dat God mal daaroor is om ons te seën en dat ek opgewonde word as God vir my areas wys waar ek ander kan seën! So sy het dit gevat wetende waar my Bron is en waar hare ook kan wees. Daar is so baie wat nodig het om bewyse te sien om God se goedheid te verstaan maar hoe sal hul weet as hul dit nie in ons lewens sien nie?

Te midde van al die gee, het 'n situasie opgeduik wat veroorsaak het dat ek na God toe moes gaan vir insig. Ek het eintlik na Hom toe gegaan om te bieg, want ek het gedink ek het 'n geleentheid om te gee, gemis. 'n Vrou het na my toe gekom en wou een van my besigheids kaartjies hê, maar ek het gehuiwer en vir haar gevra hoekom sy dit wil hê. Sy het gesê sy wou my leer ken en om my nou en dan te bel om te praat. Ek het vir haar gesê dat ek so besig is met my vyf kinders (en my niggie) en dat wanneer ek by die huis is (en nie reis nie), ek baie min tyd het vir 'n sosiale lewe. Soos wat dit is, moes ek 'n afspraak met 'n dierbare vriendin kanselleer omdat ek my jongste drie in die oggende tuisskool. Gelukkig was ek onderbreek deur 'n ander vriendin wat oorgekom het om 'Hallo' te sê, so die vrou het eenvoudig weggeloop.

Toe ek met die Here daaroor gepraat het, berouvol, het Hy vir my gesê dat Hy my gelei het om weerstand te bied teen die vrou se pogings omdat dit die duiwel is wat kom om te steel en Sy kinders uit te put. Hy het vir my gesê dat alhoewel Hy geleenthede uitsit vir ons om te gee, is die vyand ook daar om te steel of om ons eenvoudig uit te put. Toe ek vir Hom gevra het hoe ons kan weet of dit Hy is en nie die vyand nie, het Hy gesê dat as ons naby Hom bly, ons instinktief, in ons gees, Sy leiding sal kan onderskei en sal dan van nature nie prooi word nie.

Nog 'n manier wat ons prooi word is wanneer ons begin om trots te word oor ons gee. Ons getuienis prys nou nie meer vir God nie, maar prys ons (oor ons gee en hoe vrygewig ons is)! Dit sal uiteindelik die net wees waarin ons val of die verhoog vir ons om van af te val. So wees baie versigtig wanneer jy jou getuienis deel. Maak seker dat jy die Here verhef en nie jou eie goedheid nie,

Jy moet ook kyk vir geleenthede om te gee, maar moenie net rond hardloop en gee nie. God moet vir jou geleenthede aanbied en die deur daarvoor oopmaak sodat dit Sy vermeerdering kan bring. Daar sal tye wees wanneer ons gebrek sal sien, maar God wil nie hê ons moet dit vul nie. Dit mag wees dat die gebrek vir iemand anders is om te vul of dit kan wees dat God die gebrek gebruik om die persoon sover te kry om na Hom te roep. En soos God vir my gesê het, om naby Hom te bly sal vir ons die beste beskerming bied om dit net reg te doen!

So weereens, vat vandag en die week tyd om verlief te raak op jou Beminde. Sê vir Hom dat Hy al is wat jy nodig het en al is wat jy wil hê. Sing jou gunsteling liefdes liedjie vir Hom en herinner jouself aan al die maniere wat Hy jou geseën het. Niemand hoef 'n lewe van gebrek te lei wanneer ons God en ons Man, die uiteindelike Bron is van alles wat nooit opdroog nie!

———— Hoofstuk 5 ————

Dit is SO die Wag Werd

Die openbaring geld vir 'n bepaalde tyd; dit sal gou kom want dit kom beslis. Jy moet net geduldig **bly wag** as dit nie gou kom nie, want dit kom beslis, dit sal nie uitbly nie.
—Habakkuk 2:3

Vanoggend het ek al die verse wat ek uitgelig het in my Bybel, veral in die Psalms, sedert my huwelik in 1991 herstel is, begin lees. Langs hierdie Bybel verse, het ek geskryf "BV" wat beteken Belofte Vervul! Alhoewel ek meer as 'n uur spandeer het om hierdie verse te merk en te lees, het ek nie op een afgekom wat die Here nie vervul het nie!!

Deur hulle te lees en BV te merk, het ek tyd gehad om te besin en terug te gaan na al daardie dae toe dit gelyk het asof God nooit gaan opdaag nie! Jare van uitroep na Hom toe, jare wat ek gedink het vandag (wanneer ek sou erken dat Hy ieder en elke een van daardie beloftes vervul het) sou nooit arriveer nie. Kosbare mens, as ek nie verkeerd is nie, is dit waar meeste van julle wat die boek lees, nou is. Jy het geglo vir beter dae, beter tye en het werklik jou vertroue in die Here gesit, maar jy wag nog steeds wag, wag, wag ...

Sal jy ooit daardie plek bereik van vrede, vooruitgang en (kan jy jouself voorstel?) vreugde in jou lewe? JA! Ek was waar jy nou is vir jare en jare en jare! As ek regtig tyd neem om terug te kyk na my lewe, was ek moontlik in hierdie plek vir omtrent. . .wel, my wiskunde is nie so goed so vroeg in die oggend nie! My hele lewe was moeilik. My beste vriendin, wie ek sedert die agste graad ken, sê sy ken niemand wat enigiets naastenby dieselfde beleef het, as wat ek beleef het nie. Maar omdat ek gereis het en ek so baie van julle persoonlik ken wat in my kerk gemeenskap is, weet ek ook dat daar baie van julle is wat deur veel erger is. Maar ek raai ek was deur genoeg om julle te vertel dat JA, inderdaad dit is die wag werd—en jou wag het 'n wonderlike, beplande doel!

Soos wat ek terugkyk, was dit die wag wat my gemaak het wie ek vandag is. Die wag het my in staat gestel om die Here te ken soos nou. Ek sou Hom nooit so intiem geken het en sou Hom nooit kon waardeer het, of my lewe, soos ek nou doen nie, sekerlik nie soos ek nodig gehad het om Hom te ken nie. Ek sou nie in staat gewees het om aan dames bediening te gee nie, nie soos wat ek nou in staat is om te doen nie. Ek het gedink deur my voorafgaande huweliks herstel sou ek meer effektiewe bediening kon gee. So toe ek my herstelde huwelik verloor het, het ek gedink my bediening aan vrouens was verby. Tog, soos alle gebrokenheid, is dit deur my onlangse egskeiding wat ek in staat was om aan ontelbaar meer vrouens bediening te gee! En sommige van die "hoekoms" wat ek vir so lank gehad het, is uiteindelik beantwoord. Destyds het ek geglo dat my ministerie gebaseer was op my herstelde huwelik en as 'n resultaat, wou die vrouens aan wie ek bediening gegee het, dit ook gehad het, wat ek gehad het—'n herstelde huwelik. Tog nou, vandag, sien vrouens my vreugde en my oorvloedige lewe en wil hulle hê wat ek nou het—my Beminde in volle maat! O, kan ons ooit twyfel oor Sy weë of moeg voel (of die hemele behoed) opgee sonder om te *wag* vir al Sy kosbare beloftes om vervul te word?!

Die goeie nuus vir al julle dames en elke vrou in hierdie wêreld, is dat jy nie hoef te wag vir die vreugde, vrede of voorspoed (of selfs liefde) waarna jy hunker van 'n man of van dinge of posisies nie.

Alhoewel dit my jare geneem het om op hierdie plek in my lewe te kom, was daardie jare net sodat God my kon gebruik om vir jou 'n super-hoofweg te bou of 'n sneltrein na jou gekose hawe deur my jare van baanbrekerswerk op die rowwe pad, waarop so baie vrouens reis en van prooi word. Hierdie hoofweg se naam is Jesus, ons Beminde Man en Hy sal jou dra na jou beloftes in Sy arms van liefde! Jy mag dalk wag vir al jou beloftes om vervul te word, maar die wagkamer wat Hy vir jou ontwerp het, is gepas vir 'n vrou net soos jy. Stel jy belang? Volg my dan soos wat ons leer hoekom God met opset wag ontwerp het om vir ons die beloftes te bring wat Hy elke intensie het om vir ons te gee, sodra Hy weet dat ons regtig *gereed* is om hulle te hanteer.

Hoekom Ons Wag

Om vir iets te wag is een van die moeilikste aspekte van die Christelike wandel; ons weet eenvoudig nie hoe om dit behoorlik te doen nie. Eerder as om voordeel daaruit te trek en dit te geniet, kry ons swaar daardeur; dikwels misluk ons om dit tot die einde te maak en dus verbeur ons die belofte waarvoor ons God vertrou.

Tog die Bybel is duidelik dat wanneer God vir ons iets wys, wanneer ons uitroep na Hom toe, is dit vir 'n *bepaalde tyd*, dit is (gewoonlik) nie vir nou nie. Habakkuk 2:2-3, "Die HERE het toe vir my gesê: 'Skryf wat Ek aan jou gaan openbaar duidelik op kleitablette sodat mense dit sommer in die verbygaan kan lees. Die openbaring geld vir 'n bepaalde tyd; dit sal gou kom want dit kom beslis. Jy moet net geduldig bly WAG as dit nie gou kom nie, want dit kom beslis, dit sal nie uitbly nie." En dit is hoekom Hy ook sê dat ons dit moet neerskryf, sodat ons dit dikwels kan lees, en weet dat Hy getrou is.

Om te verstaan hoekom ons wag mag selfs belangriker wees as om vir die belofte te glo. Eenvoudig gestel, wanneer God ons iets vir die toekoms wys, is dit omdat ons nie gereed is om dit te hanteer of ten volle te geniet, sonder hierdie voorgenome wag tydperk nie.

Oorweeg die lewe van Josef. Hy was net 'n seun toe hy die visioen gesien het dat hy sou regeer en dat sy eie familie eendag voor hom sou neerbuig. Maar, hy het baie jare nodig gehad om volwasse te word, gedurende die tyd moes hy ly en geestelik groei voordat hy gereed sou wees vir die verantwoordelikheid of die posisie waarvoor hy beskore was. Vir sy belofte om gemanifesteer en gesien te word, was daar niks wat hy kon doen om dit aan te jaag of God te oortuig dat hy gereed was nie.

Dan was daar Moses. Hy was 'n jong man toe hy weggehardloop het woestyn toe, baie jare van afsondering van die publieke lewe het verby gegaan voordat hy gereed was om miljoene na die Beloofde Land te lei.

Oorweeg Ester, Sy was glad nie gereed om koningin te word nie, sy moes eers groei om haar mense, die Jode, te verstaan, onder die begeleiding van haar neef, Mordegai. Sy het ook 'n volle jaar nodig gehad om skoonheids behandelings te ondergaan sodat sy haar man, die koning, kon ontbied, wie haar normaalweg sou teregstel vir so 'n daad. God het geweet dat sy nie gereed was vir die enorme taak om haar Joodse mense te red nie, nog minder om haar ware identiteit as Jood bekend te maak.

Tog, die wag is nie net vir *ons* beswil nie, dit is ook omdat die tydsbereking dikwels nie reg is nie. God orkestreer elke persoon en gebeurtenis om saam te kom op 'n presiese oomblik in tyd, vir Sy glorie. Ons neig om hierdie deel te vergeet, as gevolg van ons natuurlike self-gesentreerde en self-absorberende self. Al wat ons weet is dat **ons** moeg is vir wag, terwyl ons vergeet dat die Here binnekort verheerlik gaan word en dit is vir hierdie rede dat God die wonderwerk in elk geval in ons lewe bring.

In my eie situasie, het dit baie jare geneem vir my om emosioneel en geestelik gereed te wees, sowel as om in die regte plek te wees vir God om al Sy beloftes na my toe te bring en in die lig in, vir ander om te sien. Alhoewel ek eenkeer gewens het dat dit gouer kon wees, kan ek nou sien dat niks gereed was nie, selfs nie 'n dag gouer as wat dit gebeur het nie. Maar kom ons praat van die tyd tussen die wag tydperke wat dikwels die tye is wat ons ly, wat lei tot ons wat wonder of God regtig omgee.

Is dit nie waaroor dit gaan nie?

Wanneer ons ly en ons situasie verander nie, begin ons twyfel aan God se liefde vir ons. Ons wonder of Hy soveel vir ons omgee as iemand anders na wie ons kyk, wie nie nodig gehad het om so lank te wag soos ons nie. Ons begin wonder of wat ons God voor gevra het en God voor geglo het, elk geval selfs in Sy wil is. En met hierdie soort negatiewe en geloof-vernietigende gedagte loop ons eenvoudig net weg en los Sy belofte agter, beweeg aan, na iets wat ons eerder **nou** kan verkry. Dan wanneer ons oorspronklike belofte opdaag, is ons dikwels nêrens te vinde nie of ons gee glad nie meer om dat God getrou was aan ons nie. So hartseer.

Dit is waar meeste Christene leef—dit is nou of nooit en hoekom hierdie selfde mense hulle bes doen om jou te kry om ook so te leef. Hulle wil net saam met jou glo en vir jou bid vir 'n *redelike* hoeveelheid tyd, as die belofte dan nie gebeur het nie, doen hulle hulle bes om jou aan te moedig om te twyfel of God in die eerste plek die belofte aan jou gegee het. Om voortdurend vir iets te bid wat nie vinnig genoeg opdaag nie, is nie vir hulle die moeite werd nie— hulle het better dinge om met hul tyd en gebede te doen.

Kom ons wees eerlik, ons lewe 'n "nou" leefstyl wat teen God se weë gaan. En selfs erger as die nou leefstyl, is die voortydige leefstyl wat opgespring het. Ons sien dit oral. Vrouens wat moeg is om swanger te wees,word geïnduseer; of selfs al wag hulle vir die bevalling om natuurlik te begin, sal hulle die bevalling laat versnel met medikasie of hulle sal hul water laat breek. Ja, dit is so maklik om in te gee vir hierdie versoekings wanneer jy ly, met die dokter of die verpleegster wat daar staan om jou *onmiddelike* verligting te gee.

Ons wag nie vir wat ons wil hê nie, selfs nie vir materialistiese dinge nie. Vandag, hoef ons nie vir enigiets te spaar nie. Ons kan alles wat ons wil hê, nou koop en later betaal. Tog is dit niks nuuts nie, dit gaan al vir eeue aan. Kyk na Sara wat haar belofte vir 'n seun deur Hagar gekry het, maar later daarvoor betaal het. En ons almal betaal nog steeds vir Sara se ongeduld terwyl ons die voortdurende oorloë, geweld, haat en bloedvergieting in die Midde-Ooste tussen Abraham se seuns, Ismael (Islam) en Isak (Israel), dophou. As Sara net vir haar belofte gewag het.

Ons vergeet dikwels hoe ons wat God vooruitgaan, onvermydelik ander beïnvloed en dit is omdat ons van nature selfsugtig is. Eers as ons meer oor God se wil omgee as ons eie wil, is ons regtig in staat om te verduur tot aan die einde. As ons regtig kon sien wat daardie belofte, of daardie beloftes saam (ieder en elke een wat aan ons genoem is)—hoe dit regtig sal wees wanneer die regte tyd aanbreek—kan ons maklik tot aan die einde verduur en miskien selfs leer om die wag te geniet.

En wat van hierdie gedagtes, die nuttelose verbeelding? Is die nuttelose verbeelding nadelig vir ons geloofswandel of is dit 'n manier vir ons om dit tot by gewenste bestemming te maak? Ek persoonlik dink dit kan albei wees. As ons te lank in die verbeeldings wêreld bly, kan ons onsself daarin verloor en dikwels ons pad verloor. Maar ek glo ook dat 'n bietjie verbeelding goed kan wees, omdat ons "verbeel of glo" wat ons nie kan sien nie en ons doen ons bes om te sien hoe ons berg beweeg. Maar om daar te bly is om God uit die gesig te verloor en wat Hy hier vir ons het, gedurende die wag, ten midde van sommige van die lyding wat help om ons te suiwer en voor te berei.

As ek terugkyk, kan ek sien hoe God groot uithouvermoë in my geskep het gedurende my lang wag en jare van verskillende soorte lyding—alles om my gereed te maak vir vandag, net soos Josef en Moses. Dit is slegs nou wat ek in staat is om kalm te wees terwyl ek 'n uiterste gejaagde lewe leef, gevul met daaglikse beproewings waarmee ek nie in my dertigs of selfs in my veertigs, sou kon byhou of verstaan het nie. Ek het geen idee hoe Hy dit gedoen het nie, maar dit is die punt—dit is iets wat Hy gedoen het, dis niks wat ek kon gedoen het nie en dit het alles gebeur gedurende die wag. God is besig om my en jou te vorm oomblik-vir-oomblik, dag-vir-dag, deur elke gebeurtenis en omstandigheid in ons lewens. Niks is waardeloos of onnodig nie. Dit alles bou die oefenveld en die suiwerings vure wat ons voorberei op wat Hy ons geroep het om te doen. Ek glo dat meeste vrouens wat geroep is om te dien en deur Hom gebruik te word, te besig is om te sien wat God besig is om te doen en hulle mis dikwels die roeping of is nie voorbereid daarvoor wanneer hulle geroep word nie.

Hulle word ook so vasgevang in die grootheid van die roeping dat hulle te bang is om na vore te tree. Ek waag om te sê, liewe een, dat jy een van daardie dames is. God het vir jou 'n visioen gegee vir jou toekoms wat so geweldig ongelooflik is dat jy letterlik sidder, omdat jy dink dit mag dalk waar wees. So jy hou op om aan die grootheid daarvan te dink, op sy beurt, in plaas daarvan, omhels jy nie dit wat jou sal voorberei nie, jy bid en smeek eerder dat vandag se moeilikhede sal verander. Is dit waar jy is? Ek vermoed dat 'n paar trane op hierdie bladsy sal val soos wat Hy die lig in die versteekte plekke van jou hart skyn. Ek weet omdat ek was waar meeste van julle nou is. En eerlikwaar, op 'n manier, is ek weer waar julle is, aangesien God my selfs groter dinge gewys het wat Hy vir my beplan om te doen, dit is die nuwe beloftes wat nog kom—groot, ongelooflik, maar ja, skrikwekende visioene.

Nietemin, hierdie keer het ek myself verbind om eenvoudig deur alles te gaan en die wag te geniet. Sodoende kan ek toelaat dat my geloof gestrek word en om my tyd ten volle te benut terwyl ek wag. Elke dag stop ek en kyk ek na elke ding waarmee God my geseën het en bedank Hom vir elke een (soos ek vroeër gesê het in hierdie hoofstuk). En vandag, op hierdie oomblik, gaan ek tyd maak om rond te kyk na die prag van hierdie wêreld wat Hy geskep het vir Sy verloofde, ek en jy. Ek gaan tyd maak om die mense wat God rondom my geplaas het, lief te hê en te koester, net soos wat Hy lief is vir my en jou en ons koester.

Ek gaan elke dag baie tyd maak om vir my kosbare Beminde te vertel Hy is al wat ek wil hê en al wat ek nodig het. Wanneer ek dan die visioen vir die toekoms sien of 'n belofte in my Bybel lees, sal ek verwag dit kom en nie my tyd mors om te wonder of ek God korrek gehoor het nie—maak nie saak hoe groot die belofte of visioen nou vir my lyk nie. Ek sal dit eenvoudig glo omdat ek God ken en ek weet hoe Hy werk. Ek weet deur na die miljoene dinge te kyk wat Hy alreeds in my lewe gedoen het om te weet Hy is getrou. En as jy dink dat jy nie genoeg getrouheid in jou eie lewe het nie, kyk net na myne (of sommige van die ander vrouens in ons bediening gemeenskap). (En as jy nie in ons bediening gemeenskap is nie, jy behoort te wees, want die vroue in ons gemeenskap hou my aan die gang!)

Voordat ek hierdie hoofstuk afsluit, laat my met sommige van julle praat wat regtig in die middel van ware lyding is omdat ek ook al daar was. Eerstens, hierdie lyding het regtig 'n doel; ek weet dit omdat ek daardeur gegaan het. 'n Hart vol ootmoed en berou word nie maklik deur enigiemand verkry nie en dit is beslis pynlik, maar ons hoef net na die lewe van Jesus te kyk om te verstaan dat Hy verstaan en dat Hy werklik "'n man van lyding wat pyn geken het." was. Dit is somtyds moeilik vir ons om te verstaan hoe God, Sy Vader, die lyding van 'n kruis vir Sy enigste Seun kon toelaat. Om te kyk hoe Hy pleit in die Tuin van Getsemane, maar dit nog steeds nie gestop het toe Hy Sy Seun hoor uitroep en wriemel en worstel het met wat Hy geweet het op die punt staan om te gebeur nie, kan ons help om te verstaan omdat ons kan sien wat die uitkoms was van Sy Seun se vervulling van die doel.

Hoe kan 'n Vader vanaf die hemel toekyk terwyl Sy kosbare Jesus gesukkel het om die kruis te dra, deur die strate wat, Hy geweet het, Sy dooie liggaam skaars ure later sou hou. (Maar God het iemand gestuur om Sy kruis te dra en Hy het iemand gestuur om joune ook te dra, vra net.) Wonder jy ooit hoe God die Vader kon kyk hoe Sy enigste Seun vir ure aan die kruis gely en gesterf het, waarom het Hy nie die lyding en angs gestop nie? Het God nie die gesigte gesien van dié wat gestraal het, diegene wat gewag het vir die dag wat Jesus van Nasaret uiteindelik sou sterf nie? Het Hy nie die beledigings en die bespotting gehoor wat vanaf die skare na Sy Seun geslinger was en dié wat gelyk het asof hulle geïnteresserd was in hierdie Man sy pyn, die perfekte en sondelose man, vir Wie se klere hul looitjies getrek het? Hoe kon God dit laat gebeur? Hoekom het Hy dit nie gestop nie, om nie nog een minuut toe te laat om verby te gaan nie? Sou die vyand regtig wen, regtig in staat wees om al die goeie werk wat Jesus hier op aarde gedoen het, te vernietig?

Die waarheid is, ons almal weet daar **was** 'n doel, die Doel wat ontwerp was om my en jou te red. God die Vader het verby al die pyn, beledigings, lyding en bespotting gekyk om na ons gesigte te kyk, my en jou gesig (en jou vriendin, buurvrou, broer, suster, moeder, vader, seun en dogter) wie daardie kosbare bloed nodig gehad het, bloed wat eers van Sy sweet gedrup het, toe Sy kroon, later van Sy geseling en uiteindelik van die spykers in Sy hande en voete nie—hulle selfs waar Sy sy met 'n spies deurboor is. Ieder en elke druppel bloed was nodig om my en jou te red. Nie een druppel was gemors nie, ook nie enige lyding wat Jesus verduur het terwyl God gekyk het, het verlore gegaan ter wille van my en jou nie.

Elke keer wat jy ly, liewe een, net soos ek het, neem 'n oomblik om Jesus te onthou en wat Hy vir my en jou gedoen het. Hoe Hy ons nou help, sodat elke stukkie lyding ook 'n spesiale doel sal dien. Om te onthou is wat my die deernis gegee het om jou nou te troos. Jy vertrou my omdat ek was waar jy nou is en ek verstaan regtig. God is lief vir jou en Hy gee om vir jou. As Hy in staat was om elke pynlike deel in geskiedenis vir Sy Seun uit te speel, het Hy nie 'n wonderlike plan vir jou en vir ander wat voordeel sal trek as gevolg van jou gewilligheid om te ly nie? Soos wat ek uitgereik het en jou getroos het, so sal jy vrouens in jou wêreld hê wat ek nooit sal ontmoet nie, maar wat ook vertroosting nodig het. Niemand anders as jy sal verstaan of sal in staat wees om vir hulle die troos en hoop te gee wat hulle nodig het nie.

Liewe leser, God het 'n doel vir jou wag. Ieder en elke traan wat jy stort word in Sy bottel versamel. So, maak nou hierdie boek toe en gaan dadelik na jou gebedshoek, laat Hy jou troos en laat Hom toe om jou met Sy liefde te verswelg. Hy kan en sal vrede in jou storm bring, vreugde vir jou gebroke hart en krag vir jou moeë liggaam en siel. Ons Man, kosbare een, wag in daardie stil plek waar Hy al jou trane wil weg vee en al jou skande. Gaan nou soontoe en kom uit gereed om ander te troos met die troos waarmee ons self getroos is deur 'n Lewende God—ons Hemelse Man.

Hulle Het Dit Nie

Julle sal in julle land twee keer soveel
besit as tevore en julle sal altyd vreugde hê.
In my trou sal Ek my volk gee
wat Ek beloof het.
—Jesaja 61:7-8

Vroeër hierdie week het die "aanslag van die bose" ons huis getref met aantygings, terg, bespotting, wrede woorde en veroordeling, wat onvermydelik gelei het tot vrees. Ongelukkig, was dit my eks-man wat hierdie aanvalle na my en my jongste dogter geslinger het.

Te verstane, was my dogter uiters deurmekaar, buiten om seergemaak te wees. So die oomblik toe ek in staat was om my dogter te troos, nadat ek 'n kort tydperk toegelaat het vir verskillende soorte emosies in my om te bedaar, het ek die Here gesoek vir wysheid en begrip. Hy het my herinner aan wat ek besig was om te skryf in hierdie einste hoofstuk. God het hierdie beginsel aan my bevestig nie—hulle"hulle, ander, het dit nie."

Die Here het my gewys dat die gety van sagmoedigheid vanaf my eks-man, lelik geword het, want vir die eerste keer sedert hy die eerste keer vir die egskeiding gevra het, hy het **al die vra werk** gedoen en ek **al die gee werk**. Daardie dag het ek hom dwaaslik gevra vir hulp met drie klein dinge: vir skakels na webtuistes vir gesondheidsprodukte wat hy altyd vir die gesin gekoop het, vir die rekenaar wat hy nie gebruik het nie sodat ons kinders dit vir hul studies kon gebruik en vir hom om die kinders te begin bel, want hulle het vir my gesê dat hul pa nie meer vir hulle omgee nie. Dinge het lelik geword omdat ek na hom toe gegaan het, vraend, dit het hierdie eens sagmoedige man verander na 'n kwaai en bakleierige man.

Die eerste keer wat God my hierdie baie belangrike beginsel gewys het, "hulle het dit nie," was teen die einde van 'n baie lang reeks frustrerende en tydrowende botsings met ons pakhuis lidmaatskap klub. Dit is waar ek baie van ons kruideniersware en ministerie kantoor voorraad gekoop het. Daar was so baie foute elke keer wat ek probeer het om 'n aankoop te doen dat dit uitputtend geword het. As 'n voorbeeld, gedurende een voorval, het dit hulle meer as 'n uur geneem om iets reg te maak, terwyl my bevrore kos (wat altyd in grootmaat is) gesmelt het.

Toe ek die volgende keer na die winkel toe gegaan het, was ek weer by die kliëntediens toonbank aangesien my lidmaatskap kaart nie gewerk het nie. Terwyl ek by die toonbank was, het ek die bederfde bevrore kos van die vorige maand genoem, die bestuurder het om verskoning gevra en vir my gesê ek moet net die kwitansie vir die bederfde bevrore kos inbring tydens my volgende besoek, wat ek ook gedoen het. Maar in plaas van 'n terugbetaling, het daardie dag se bestuurder vir my gesê dat ek ook die leë houers nodig gehad het om hom in staat te stel om vir my 'n terugbetaling te gee. Dit is toe dat ek gevoel het ek verloor my vrede en in plaas daarvan om te borrel van vriendelikheid en geduld, het ek frustrasie en selfs woede gevoel—alhoewel, prys die Here, het ek dit nie gewys of uitgedruk nie. Nietemin, net om hierdie verskriklike emosie te *voel* was genoeg vir my om baie bekommerd te wees.

Die volgende keer toe ek by die betaalpunt was, was ek weer aangesê om na die kliëntediens toonbank toe te gaan, maar hierdie keer het ek hardop gelag. Terwyl hulle besig was om sin te maak oor hoekom my kaart nie korrek gewerk het nie, het ek met die Here gepraat en Hom gevra wanneer al hierdie moeilikheid met my kaart op 'n einde sou kom. Hy het baie duidelik gestel, "Wanneer dit jou nie meer pla nie." Eina. So terwyl ek nog by die toonbank gestaan het, het Hy my herinner aan 'n vers wat Hy daardie oggend vir my gewys het gedurende my tyd alleen saam met Hom. "In plaas van vernedering sal julle *twee keer* soveel besittings hê as tevore, in plaas van minagting sal julle lof ontvang *oor wat julle besit*. Julle sal in julle land **twee keer** soveel besit as tevore en julle sal altyd vreugde hê. Ek is die HERE, Ek het die reg lief, Ek haat roof en misdaad. **In my trou *sal* Ek my volk gee wat Ek beloof het,** Ek sal 'n ewige verbond met hulle sluit" (Jesaja 61:7-8). Het jy dit gesien? Hy sê, ***Ek sal.***

Alhoewel die Here dit nie eintlik gesê het nie, was daar 'n *innerlike wete* dat ek na die verkeerde bron gekyk het vir *my vergoeding*. Dit het nie gesê "Hulle sal nie" maar dit sê, **Ek *sal*. Wat beteken die Here sal….**

So onmiddelik, in my hart, het ek weer erken dat Hy al was wat ek wou hê **en** al was wat ek nodig gehad het. Ek het nie hierdie mense of enigiemand anders nodig gehad om dinge reg te stel nie of vir my vergoeding te gee nie. Alhoewel hulle vir my vragte probleme veroorsaak het of selfs dat dit honderde dollars se beskadigde bevrore kos tot gevolg gehad het—het ek my Beminde gehad en Hy was al wat ek nodig gehad het. Op daardie oomblik, het ek nie net opgehou om na hulle te kyk "om dit reg te stel" nie, ek wou onwrikbaar niks *van* hulle gehad het nie—ek wou gehad het dat al die seëninge van my vergoeding van Hom af kom en niemand anders nie

Toe daardie gevoel oor my begin vloei het, het die Here my herinner dat dit ook Abram se gevoelens was. Dit was toe die koning van Sodom probeer het om vir hom 'n *beloning* te gee deur hom die "goedere" te gee wat geneem was toe hulle Kedorlaomer verslaan het, Abram het geweier, "Maar Abram het hom geantwoord: 'Ek het my hand opgelig en 'n eed afgelê voor die HERE, voor God die Allerhoogste, Skepper van hemel en aarde, dat ek niks van jou sal vat nie, nie eers 'n garingdraad of 'n skoenveter nie, sodat jy nie kan sê: 'Ek het vir Abram ryk gemaak' nie." (Genesis 14:22-23). Abram (wie later Abraham geword het) wou nie enige van God se glorie wegneem deur die koning toe te laat om krediet te neem vir enige van Abram se toekomstige rykdom nie, wat soos ons weet, **grootliks** vermeerder het later in Abram se lewe—dit was veilig as gevolg van sy oortuiging om aan God die glorie te gee.

Binne omtrent drie minute van hierdie openbaring, daar by die kliëntediens toonbank, het die Here iets gedoen wat so asemrowend en snaaks en ongelooflik was, net om die beginsel aan my te bewys. Iets wat ek geweet het ek met jou moet deel. In 'n oomblik, het die vrou wat my gehelp het gevra hoekom my kaart net een persent kontant-terug het, in plaas van twee persent kontant-terug. Ek het vir haar gesê dat ek nie geweet het dat twee persent kontant terug op aankope, aangebied was nie. Sy het haar rekenaar skerm omgedraai om my die bedrag te wys wat ek die vorige maand terug gekry het en wat ek sou gekry het met die bygevoegde persentasie. Die bedrag het verdubbel! Op daardie stadium het sy dit onmiddelik verander en ek het gekyk hoe God my **dubbel vergoed** het, meer as dubbel die koste van die bedorwe kos. Dit het gebeur die oomblik toe ek besluit het om die Here weereens my alles te maak!

En aangesien Hy dinge doen bo en behalwe wat ons dink of vra; die volgende oomblik het dieselfde dame vir my allerhande promosie produkte gegee wat hulle vir hul nuwe kliënte as geskenke gee!! Ek het vir haar gevra wat sy besig was om te doen en sy het gesê dit was die minste wat hulle kon doen vir al die moeilikheid waardeur ek was.

Sien jy wat gebeur het? Die oomblik wat ek opgehou probeer het om satisfaksie van die bron van my moeilikheid te kry (wie "dit nie gehad het nie") en na die Here gedraai het wie my uiterste Bron is van alles wat ons benodig, het Hy my met ontsaglike guns oorstroom en my vergoeding vermenigvuldig, wat Hy belowe aan elkeen van ons!

Dit is wat die Here vir my gesê het in die motor daardie dag op pad huis toe van die pakhuis winkel af—hulle het dit nie; hulle het dit eenvoudig nie. Hy het gesê dat die mense van hierdie wêreld bankrot is op elke manier. Dink daaraan. Die mense van die wêreld (en meeste Christene) kort deernis, sagmoedigheid, liefde en almal het beperkte bronne, tog hou ons dwaaslik aan om na *hulle* te kyk vir wat ons nodig het. Terwyl ons Here, ons Minnaar en ons Vriend, 'n eindelose bron het van elke hulpbron wat ons nodig het en wil hê—beskikbaar aan ons—wanneer ons eenvoudig na Hom alleenlik kyk!!

En elke keer wat ons na ander kyk in plaas van Hom, vind ons dat ons selfs meer **behoeftig** is wanneer hulle faal om vir ons te gee wat ons mag nodig hê, verdien of wil hê. Dit is wanneer ons, ook, bankrot opeindig, want om na ander kyk, het ons het die prop uitgetrek, die band gesny, ons Bron afgesny, Hy. "Ek is die wingerdstok, julle die lote. Wie in My bly en Ek in hom, dra baie vrugte, want sonder My kan julle niks doen nie" (Johannes 15:5).

So toe die Here hierdie week die beginsel van "hulle dit nie het nie," na my gedagtes gebring het, in verwysing na my eks-man, het ek geweet dat ek gefaal het om te soek wat ek nodig gehad het van my ware Bron. In plaas daarvan, het ek gesoek wat ek nodig gehad het (en wat ek gevoel het my kinders nodig gehad het) van iemand wat "dit nie het nie." God het my gewys dat as die Here se bruid, gee Hy vir my **meer** as wat ek nodig het so ek hoef nie *enigiets* van *enigiemand* te soek nie. In plaas daarvan word daar van my verwag, as Sy bruid, om uit *my* oor-oorvloed aan ander te *gee*; my oorvloedige hulpbronne. En wanneer ons van enige ander bron soek wat "dit nie het nie," bevind ons onsself ook sonder wat ons wil hê en nodig het en onmiddelik word ons selfsugtig en suinig—nie 'n eienskap van die Here se bruid nie.

Toe ek vir die Here gevra het hoe om dit met my eks-man reg te stel, het Hy vir my gesê om eenvoudig te wag en dat dit alles deel van Sy plan was. Ek het geweet dat Sy plan was om my meer begrip te gee (terwyl ek dit in hierdie hoofstuk neerskryf), maar om dit ook in my eks-man se lewe te gebruik om hom te verfyn en verander sodat hy ook Sy liefde kan begin ervaar. En dit is ook God se plan vir my om hierdie beginsel te verduidelik, om dit vir my kinders en elke vrou wat hierdie boek lees, te leer.

Die volgende oggend het ek vir die kinders gesê (wat geweet het van die insident met hulle pa) dat dit heeltemal my skuld was. Dat ek probeer het om te "neem" in plaas daarvan om te "gee" toe ons *alles* gehad het, omdat ons God gehad het wat vir ons *alles* gegee het wat ons wou hê en alles wat ons nodig gehad het en die Here was my uiteindelike Man en vrygewige Vader vir hulle. En dat hy (hulle pa), nou, niks het nie. En ek het voortgegaan om die beginsel te verduidelik van God wat dubbel vergoeding gee wanneer ons na Hom kyk eerder as na ander en die getuienis van my ervaring by die pakhuis winkel.

Binne 'n half uur wat ek met my kinders gepraat het, het my eks-man my jongste dogter geskakel om dinge reg te stel. Nadat hy met haar gepraat het, het hy gevra om met my te praat, dit was toe wat ek in staat was om hom te vertel dat die insident van die vorige dag heeltemal my skuld was omdat ek net na die Here toe moes gedraai het vir die dinge wat ek nodig gehad het, in plaas daarvan om vir hom te vra. Ek het agtergekom hy wou dit nie hoor nie omdat hy nog steeds probeer om sy pad huiswaarts na my toe, te vind (alhoewel hy opgehou het om my uiterlik agterna te sit). Dit het my, ook, die geleentheid gegee om my eks-man te vertel hoe God sorg vir alles wat ek nodig het *en* wil hê aangesien die Here nou my Man is. Op daardie punt, het my eks-man probeer om vir my te gee wat ek oorspronklik voor gevra het en het met die webwerf skakels begin. Ek het hom vriendelik bedank, maar het gesê ek het dit nie nodig nie. Toe sê hy dat hy dalk die rekenaar vir ons kon gee, maar weer het ek gesê as ek regtig een nodig het, sou God een voorsien of die kinders kon eenvoudig na die ministerie kantoor toe gaan om 'n rekenaar daar te gebruik.

Toe spring hy in en sê vir my hy wil meer beskikbaar wees vir die kinders, ek het geantwoord dat dit tussen hom en die kinders was en dat dit regtig niks met my te doen gehad het nie. Ek het voortgegaan om te sê dat ek verkeerd was om te probeer om 'n beter verhouding vir hulle te verkry omdat die een wat die Here aan ons gegee het (ek en die kinders) was meer as genoeg vir die kinders en dit wys in die vreugde wat in ons huis is en wat straal uit hulle gesigte en stemme. Dit is toe die gety weer terugdraai het en die pyn my hart verlaat het en syne deurboor het. Toe ek die Here terug gesit het op Sy regmatige plek in my lewe, om alles te wees wat ek wil hê en alles te wees wat ek nodig het, het Hy my selfs meer vereer!

Na middagete, reg in die middel van nog 'n ministerie mini-krisis, was ek gelei na 'n webwerf wat ek voorheen gebruik het maar van vergeet het. Daar op hierdie *een* webwerf, was ek in staat om *al* die gesondheidsprodukte te vind wat ek nodig gehad het, teen afslagpryse en met verminderde verskeping (nou en in die toekoms)! Aangesien ek alleenlik na die Here gekyk het, het Hy my na een webwerf gelei in plaas van die drie of vier wat my eks-man gebruik het. 'n Paar minute later, het ek 'n boodskap op my selfoon van my eks-man gekry (wat hy gelos het voor ek met hom gepraat het toe ek die blaam gevat het). Die stempos was 'n nederige verskoning vir my man se lelikheid teenoor my en my dogter en hy het ons albei om vergifnis gevra.

Hier is dieselfde beginsel in 'n vers wat meeste van ons kan opsê, maar so min van ons kan dit uitleef op 'n daaglikse basis: "En *my* **God sal in elke behoefte** van julle ryklik voorsien volgens sy wonderbaarlike rykdom in Christus Jesus" (Filippense 4:19). Wanneer ons vir die Here vertel dat Hy alles is wat ons wil hê en alles is wat ons nodig het, moet ons dit staaf met ons aksies en reaksies. Wanneer iemand iets verkeerds aan ons doen, wat lyk asof dit elke dag gebeur, heeldag, moet ons ons harte deursoek: van wie probeer ons om te kry wat ons glo ons "verdien"—van God of mens? God het alles; die mens het niks (net wat God hom gee).

En, ja, dit is waar dat God mense en omstandighede gebruik om ons dubbel ons vergoeding te gee. Natuurlik was ek dankbaar en baie waarderend teenoor die dame wat vir my dubbel persentasie kontant-terug en die promosie geskenke gegee het, maar in my hart het ek geweet wie dit georkestreer het! Ek het, ook, geweet wie my eks-man verfyn het en sy hart omgedraai het om te sê hy is jammer.

Die opwindende toevoeging tot hierdie beginsel is dat wanneer ons in staat is om behoorlik op te tree en te reageer, wat oorvloed tot gevolg het, kan ons kanale vir God se goedheid aan ander wees wat behoeftig is en wie heeltemal bankrot is. "Almal soek die goedgesindheid van 'n man met mag, elkeen is die **vriend** van iemand wat **geskenke uitdeel**" (Spreuke 19:6). Wanneer ons uitgesoek word en kies om vrygewig te gee, dan kan ons ander beïnvloed, deur ons voorbeeld, om God te soek en agterna te sit om hulle Bron te wees, wat evangelisasie en getuienis aan ander is— alles sonder 'n woord.

Dit is die probleem in vandag se wêreld, in verband met ons Christelike ondoeltreffendheid; dit lyk asof ons baie het om te sê, maar ons staaf dit nie met die manier wat ons optree en reageer teenoor ander of hoe ons moeilike omstandighede hanteer nie. Dit maak dan van ons Fariseërs. Dit maak ook 'n bespotting van God en

Sy goedheid, die resultaat is dat ons ondoeltreffend is in evangelisasie en om ander te lei om Hom ook te wil leer ken. Maar aan die ander kant, wanneer ons hierdie beginsel uitleef, selfs wanneer ons 'n klein bietjie droogmaak soos ek het, het ons 'n wonderlike geleentheid om ons lig te laat skyn en 'n soutigheid te skep wat ander dors maak vir Hom! "**Laat julle lig** so voor die mense skyn, dat hulle julle goeie werke kan sien en julle Vader wat in die hemel is, verheerlik." (Matteus 5:16). "**Julle is die sout vir die aarde**. Maar as sout verslaan het, hoe kry 'n mens dit weer sout? Dit is niks meer werd nie. Dit word buitekant weggegooi, en die mense vertrap dit" (Matteus 5:13). As daar op jou getrap word, beteken dit eenvoudig dat jy nie meer sout is nie.

"Soos 'n wildsbok **smag** na **waterstrome**, so **smag** ek na U, o God" (Psalm 42:2). As gevolg van my assosiasie met baie van julle wat ook RMI vennote is, groei my dors vir God aanhoudend sterker, ieder en elke dag. Dit is dieselfde effek wat jy (as jy sout is) sal hê op dié in jou wêreld. Ons lewens behoort te straal met vreugde, voorspoed en guns wat beny word deur almal wat ons ken of *van* ons weet. Dit is net dan wat ons eenkant toe kan staan en die ware Bron van ons geluk uitwys—ons Minnaar en Vriend, ons Here en hemelse Man.

Hierdie Persoon is slegs 'n werklikheid wanneer ons Hom toelaat om 'n werklikheid in ons lewens te wees, wanneer ons werklik Sy bruid word. En as Sy bruid, sal ons niks wil hê nie. Dit is die boodskap wat ons lewens, ons lippe en die vreugde in ons harte moet vertel deur hoe ons leef—dat Hy, ons Beminde, al is wat enige vrou nodig het. Daar is nie meer enige behoefte om agter 'n man aan te hardloop om enigiets vir ons te voorsien of om ons te beskerm nie. En nie net sal in al ons behoeftes voorsien word nie, oneindig meer as waarvoor ons kan hoop, vra of selfs dink, dit alles sal kom sonder pyn, skande of spyt. Wow! "Aan Hom wat deur sy krag wat in ons werk, magtig is om oneindig meer te doen as wat ons bid of dink" (Efesiërs 3:20).

"God is so magtig en sterk. Juis met daardie krag werk Hy ook in ons. Hy kan en het dinge vir ons gedoen waarvan ons nie eens kon droom nie!" (Efesiërs 3:20 Die Boodskap)

Die liefde wat jy op die televisie sien of in die flieks of waaroor gesing word in liedjies, is nie werklike liefde nie. Dit is uitgedink as gevolg van onverligte pyn, skande en verwerping. En ongelukkig los dit ons meer in gebrek en meer behoeftig. Anders as die liefde wat beskikbaar is van ons Minnaar, die bron van alle liefde, wat geen pynlike of ongewenste newe-effekte het nie—en die Bron eindig nooit nie!

Wat van jou? Ervaar jy nog steeds 'n behoefte in jou lewe? Dan is dit net omdat jy nie na die ware Bron van alles gegaan het nie.

Ervaar jy nog steeds pyn, skande, skuld, veroordeling en trane? Dan, liewe een, het jy eenvoudig nie genoeg van Hom nie. Die Here roep jou om Sy bruid te wees, nie Sy vrou nie. Hy wil jou vul met liefde, deernis, sagmoedigheid en veiligheid van alle skade en alles wat jou hartseer bring. Die enigste trane wat jy behoort te stort is die wat vloei wanneer jy nadink hoe goed God vir jou is en hoe Hy jou geseën het.

Maak vandag tyd, nou dadelik, om selfs nader en meer intiem met jou geseënde Bruidegom te word. Hy wag net om jou te omhels en elke traan en vrees weg te vee. Kosbare bruid, Hy is lief vir jou!

Maak Bekommernis Stil

In hierdie en ander hoofstukke, het ek genoem dat my eks-man "nog steeds probeer om terug huis toe te kom na my toe" en ek het dit nodig gevind om sommige insigte te deel. Alhoewel ek of jy dalk my huwelik weereens herstel wil hê, wat die Here vir my gewys het (keer op keer en elke keer wat ek Hom hieroor soek), is dat my eks-man en my kinders se pa, 'n ware verhouding met Hom nodig het. As 'n voormalige pastoor en 'n man wat welbekend aan die publiek was, leef hy soos baie, openlik in onberouvolle sonde, as gevolg van sy afgesnyde of nooit gevestigde persoonlike verhouding met die Here. En hy het op baie geleenthede vir my gesê dat die Here hom nie weer sou kon vergewe nie, so hy het van Hom af weggeloop.

En selfs as sommige my mag oordeel, ek weet dat Wie ek nodig het om seker te maak ek behaag, is Wie ek volg en na luister op hierdie nuwe, nooit voorheen verkende, reis.

God het my nuwe reis toegelaat ten goede van ons almal, vir my kinders, vir my om te leer en veral vir my eks-man—alles sodat elkeen van ons Hom kan vind, Sy liefde en om Hom beter te verstaan. Soos meeste van julle, was dit eers toe ek alles verloor het wat ek gevind het wat ek regtig en waarlik nodig gehad het, wat 'n Redder was en later toe Hy my Here geword het, toe selfs later my Beminde. Kan ek enigiemand dieselfde seëning ontsê? Het 'n man nie ook 'n verhouding met Hom nodig nie? Verdien 'n man nie om die Here persoonlik te ken nie? Gaan dit net oor 'n vrou se behoeftes of gaan alles oor RMI en wat ons glo is die ministerie se doelwit? Die waarheid is, RMI se doel was nog altyd dieselfde, dit is om ieder en elke vrou en man te help om die Here persoonlik te ken.

Ja, God se begeerte is om te herstel, maar nie net huwelike en families nie. Dit is om elkeen van die betrokke individue te herstel met Wie elke persoon nodig het, Hy alleen.

"Soos 'n stroom water lei Hy dit soos Hy verkies…" (Spreuke 21:1) en dit beteken ons harte, as vrouens, kan ook, deur Hom, gedraai word. Sodat mans ook kan sê, "U [God] laat my vriende en bure ver van my af staan die duisternis van die dood is my geselskap" (Psalm 88:19). Wat beteken, as enige persoon, 'n man ingesluit, nie na Hom toe keer nie, dan sal hulle ook sê, "U [God] laat my bekendes ver van my af staan en maak my vir hulle iets afskuweliks; ek sit vasgevang en kan nie uitkom nie" (Psalm 88:8).

Die regte gevaar is wanneer 'n vrou (of enigiemand) hulle harte verhard vir wat Hy hulle roep om te doen. So as 'n minister, moet ek nooit inmeng met wat ek sien God in ander doen nie en hoop dat in die proses wat Hy my op hierdie nuwe reis neem, niemand sal probeer om in te meng of om my te oordeel nie. Ek moenie eers vir 'n milisekonde dink dat ek weet hoe Sy planne uitgespeel moet word nie. "'My gedagtes is nie julle gedagtes nie, en julle optrede nie soos Myne nie,' sê die Here; 'soos die hemel hoër is as die aarde, so is my optrede verhewe bo julle optrede en my gedagtes bo julle gedagtes'" (Jesaja 55:8-9). In plaas daarvan, soos Job, sal ek sê, "Nou weet ek dat U tot alles in staat is en dat U kan uitvoer wat U besluit, Wie is dit wat u bedoelinge wou dwarsboom sonder dat hy die insig gehad het? Ek het oor dinge gepraat wat ek nie begryp het nie: U wonderdade was te groot vir my, ek het dit nie verstaan nie. U het mos gesê: Luister terwyl Ek praat, Ek sal vra, antwoord jy My. Tot nou toe het ek net gehoor wat mense van U sê, maar nou het ek U self gesien, en nou verag ek myself, nou sit ek vol berou, in sak en as." (Job 42:1-6)

Hoofstuk 7

Hunker na Wie?

Tog is die HERE **gretig** om julle **genadig** te wees,
en wil Hy hom oor julle ontferm:
Die HERE is 'n God wat reg laat geskied,
en dit gaan goed met elkeen wat op Hom vertrou
—Jesaja 30:18

Die sleutel boodskap aan ons in hierdie openingsvers is iets wat ek NOOIT voorheen opgemerk het nie. Vir meer as 'n jaar het ek hierdie vers elke liewe dag gelees, maar die ware betekenis het my ontgaan. Dit was eers toe ek op 'n plek gekom het wat ek kon sê (en dit in my lewe uitleef) — "Jesus **Jy** is al wat ek nodig het!" Die boodskap? Hoe *geseënd* is die wat na Hom HUNKER!

Vroeër op hierdie nuwe reis, het ek agtergekom dat dit sê Hy *wag* om deernis vir ons te hê, *wag* om genadig te wees en selfs *wag* om op te tree, om ons onthalwe, as 'n God wat reg laat geskied, maar ek het nooit verstaan waarvoor Hy gewag het nie—maar nou weet ek.

Ons kosbare Bruidegom *wag* vir ons om ook na Hom *alleenlik* te **smag** en te **hunker**! Maar in plaas daarvan, smag en hunker ons na iets of iemand anders. Ons is ontrou met ons geneenthede terwyl ons Beminde voortgaan om ons te bekoor, sagmoedig met ons te praat en alles te doen wat Hy kan om die Baäls (ander gode wat ons op die altaar van ons harte geplaas het) van ons monde en harte te verwyder. (Hosea 2:13-15).

In ons samelewing, is die grootste god onder vrouens (van 'n jong tiener tot 'n ouer vrou) hulle obsessie met mans. Jonk en oud, nooit getroud, getroud, uitmekaar of geskei: vrouens wil hê en glo dat hul nodig het en moet hê—'n man in hulle lewe. Die feministe het hulle kuur vir hierdie obsessie gekies deur mans te haat en ook om te probeer om soos mans te wees, alles sodat hulle nie hierdie begeerte vir 'n man sal hê nie, ook nie so kwesbaar te wees soos wat dit lyk vrouens teenoor mans is nie. Dit het egter nie die probleem opgelos nie, want hulle het nie na die oorsaak van hulle dilemma gegaan nie

Vrouens was geskep om te hunker en smag na net Een. Dit is toe Eva gesondig het dat sy vervloek was, "Vir die vrou het die Here God gesê: 'Ek sal jou baie swaar laat kry met jou swangerskappe: met pyn sal jy kinders in die wêreld bring. Na jou man sal jy hunker, en hy sal oor jou heers."(Genesis 3:16). Nie alleenlik het Jesus die vloek van sonde wat oor ons heers gebreek nie, Hy het elke vloek gebreek toe ons begin geglo het. As vrouens hoef ons nie meer te ly gedurende kindergeboorte nie (lees asseblief *Supernatural Childbirth* DEUR Jackie Mize), nog minder hoef ons te smag en te hunker na 'n man, of enige ander persoon wie "dit nie het nie," soos ons in die laaste hoofstuk geleer het.

In plaas daarvan, wanneer ons kies om ons passie en dors te draai na die Een wie ons ontwerp het en om Sy bruid te word, dan sal ons met goeie dinge gevul word, alle goeie dinge, aangesien ons werklik— Sy—getroue bruid is. Maar ongelukkig het baie min vrouens hierdie plek van volkome genot vir Hom bereik. In plaas daarvan, jaag hulle dit wat hulle glo vir hulle geluk sal bring. Onthou in Psalm 37:4 sê dit, "Vind jou vreugde in die Here, en Hy sal jou gee wat jou hart begeer"?

Of dit 'n jong tiener dogter is wat haar kêrel mis of 'n vrou wat van haar man vervreem is (wie haar verlaat het of sy het hom verlaat en nou is sy spyt), daar is 'n obsessie om 'n man te hê wat ons, as vrouens, veral kwesbaar maak en prooi maak vir pyn, verwerping, lyding, eensaamheid en die lys gaan aan. Die ware tragedie is dat die geluk wat vrouens glo hulle lewens sal omkeer, wat hulle glo gevind sal word as hulle 'n man het, nie eers bestaan nie.

Ons vrouens, selfs al is ons volwasse en nie meer kinders nie, glo in sprokies-verhaal romanse. Ons lees die stories as klein dogtertjies en later as jong vrouens in romantiese verhale. Ons kyk na paartjies wat voorgee in flieks en op televisie en sing saam met liedjies oor liefde. Maar hierdie soort romanse bestaan nie, niks meer as die stories van *Sneeuwitjie* of *Aspoestertjie* bestaan nie.

Daar is net *een* ware liefdesverhaal en dit is wat in die Bybel gevind word en in ons Skepper en ons Beminde.

God het elke vrou ontwerp om te smag na die soort liefde waaroor ons lees as klein dogtertjies—maar dit kan NOOIT met *menslike* liefde bevredig word nie. Die soort liefde wat ons nodig het kan net bevredig word met Sy liefde, die agape en onvoorwaardelike liefde wat Hy aan ons bewys het by Golgota. Niks anders sal ons bevredig nie, nog minder ons harte laat sweef.

Gedurende die afgelope jaar, terwyl ek baie kerk sendelinge en selfs RMI lidmate ontmoet het wat in ander dele van die wêreld bly, het ek gesien dat meeste vrouens trane of hunkering vir hulle mans het, maar selfs as gelowiges, nie dieselfde hunkering vir hulle Bruidegom nie. Wanneer vrouens oor hulle mans praat, selfs die mees professionele en invloedryke vrouens, word hulle onmiddelik verminder na gebroke, tranerige vroumense wat uitmekaar val. Hierdie vrouens *hunker* na 'n persoon wat hulle eintlik verafsku! Dit is hierdie soort patetiese vroumense wat veroorsaak het dat die feministiese beweging so 'n wye aantrekkingskrag by die hedendaagse vroue gekry het. Hierdie soort hunkering is niks anders as tragedies nie. Vir my is dit hartverskeurend. Nou is daar jong meisies wat kies om in verhoudings te bly waar hul misbruik word, nadat hulle moes toekyk hoe hul moeders dieselfde doen.

Tog is die antwoord nie om 'n huwelik te verlaat met 'n man wat hulle misbruik nie, maar om in plaas daarvan, 'n Minnaar te vind. Die Man wat haar sal beskerm, wat ek gehoor het gebeur weer en weer want Hy is getrou! Aan die ander kant, sê ek vir jong meisies wat ek ontmoet om nooit tevrede te wees met 'n man wat hulle nie sal koester nie, wanneer ek in staat is om my eie getuienis te deel.

As gelowiges, moet ons wegdraai van die aaklige obsessies wat ons het vir mans deur ons harte en ons passie te draai vir **meer van Sy Liefde,** na die Een wie in staat is om ons gebroke harte te genees. Die vrouens wat verwerp is, "Dit is die Here wat jou teruggeroep het van jou smart. Jy was soos 'n jong vrou wat deur haar man verstoot is,' sê jou God," het nie net nodig om hierdie les te hoor nie maar om dit te sien in ons eie lewens.

Net wanneer ons na Hom toe draai sal ons sê, "Laat ons bly wees en juig en aan Hom die eer gee, want die bruilof van die Lam het aangebreek, en sy bruid het haar daarvoor gereed gemaak" (Openbaring 19:7). Wanneer ons almal kan hoor, "Die Gees en die bruid sê toe: 'Kom!' En elkeen wat dit hoor, moet sê: 'Kom!' En elkeen wat dors het, moet kom; elkeen wat smag na die lewegewende water, moet kom haal, verniet!" (Openbaring 22:17) net dan sal ons werklik sien waarvoor Hy gewag het en voorberei het vir ons wat Hom liefhet.

Wanneer ons, as gelowiges, die soort vreugde uitbeeld wat Hy alleen vir ons sal gee, wat volg deur die verbintenis en getrouheid om net die Here alleenlik te wil hê, sal ons in staat wees om 'n lewe te lei en 'n gesig te vertoon wat gloei soos 'n baken in 'n ewige donker wêreld. Dit is hierdie soort lewe, wat elke vrou wat leef in voortdurende en eindelose storms in hul lewens, sal aantrek om dit te wil hê en te hunker na wat ons besit, Sy liefde.

Dit is met ongelooflike vreugde om te sien dat baie van ons wat die ministerie wat Erin gestig het, gevind het, nou kan fokus daarop om mekaar aan te moedig, selfs hoër op te beweeg in hierdie roeping, "met die oog op 'n tyd soos hierdie" (Ester 4:14). Eers passievol vir herstel en om die beginsels wat lei tot herstel te volg, beweeg ons elkeen nou na hierdie hoër roeping—slegs nadat ons passievol geword het vir alleenlik Een. Baie vrouens wat RMI vind, bely dat hulle nie meer *herstel soek* nie, maar instede *agtervolg hulle die Here alleenlik!* En meeste vrouens, by hierdie punt, word herstel; tog party word nie. En, ek glo, party word nie herstel nie omdat hulle baie meer genesing nodig het.

Net onlangs het ek 'n lofverslag gelees van iemand wat ontsaglike genesing nodig gehad het van haar verlede, sy was gemolesteer as 'n kind. Meeste mense kan nooit hieroor kom nie, tog het hierdie brawe vrou Sy beminde en bruid geword en was selfs in staat om haar oortreder te vergewe. Was sy nie alleen gelaat nie, selfs nadat sy toesig van haar eie kinders verloor het, is ek oortuig, dat sy nooit genesing sou gevind het wat sy nodig gehad het en verdien nie!

Vir die wat herstel is en soos ek is, mag jy geroep wees om jou herstelde lewe te verloor om jou in staat te stel om om te gee vir die siele van die mans in ons lewens wat ook 'n Redder nodig het. Hierdie mans moet na die Here kyk om hulle behoeftes deur Hom bevredig te hê, want net soos wat mans nie ons behoeftes as vrouens kan bevredig nie, so ook kan ons as vrouens nooit 'n man se behoeftes bevredig nie. "As iemand agter My aan wil kom, moet Hy homself verloën, sy kruis opneem en My volg, want wie sy lewe wil behou, sal dit verloor; maar wie sy lewe ter wille van My verloor, sal dit terugkry" (Matteus:16:25).

Sodra ons elkeen die Here se bruid word, as Sy bruid, sal ons hierdie liefde uitstraal vir almal om te sien.

Getuienis

Terwyl ek 'n paar dae terug by 'n lughawe was, het die dame by die toonbank oor my pragtige ring kommentaar gelewer. Voor my egskeiding, het ek gebid vir 'n ring om te dra sodat mans sal weet dat ek nie beskikbaar is nie en ek het uiteindelik 'n pragtige ring gekoop wat my op die ou einde, niks gekos het nie. Maar dit is 'n heeltemal ander getuienis wat ek hoop om later te deel; miskien later aan die einde van hierdie boek.

Die dame by die lughawe toonbank het vir my gevra of ek "pas getroud" was omdat sy afgekyk het en toe gesien het dat die ring wat ek dra nuut was. Ek het gesê, "Wel, soort van," en ek het opgekyk en geglimlag. Sy het opgewonde gesê dat sy dadelik kon sien dat ek "dol verlief" was omdat my gesig net gestraal het! Soos wat ek weg geloop het, het dit gevoel asof my hart wou bars van vreugde en liefde vir die Here wat oorgevloei het as gevolg van Sy onbeperkte liefde wat Hy oor en deur my gestort het. Toe het my gedagtes gespring na die besef van hoe meeste vrouens lyk en voel na 'n onlangse egskeiding—gebroke en verouderd, en weereens wou ek my nuut gevonde Minnaar met hulle deel.

Vir paar weke voor ek weg is om deur die noordooste van die V.S.A te toer, ek was deur my kerk gestuur (wat vir my gevoel het soos 'n wittebrood waarvan ek net kon droom), het ek 'n reeks programme op televisie gekyk wat se doelwit was om 'n vrou tien jaar jonger te laat lyk. Die program het altyd begin deur fotos te wys uit die vrou se verlede (waar sy eens op 'n tyd jonk en gelukkig gelyk het) en dan sou hulle vra wat gebeur het wat veroorsaak het dat sy lyk soos sy nou lyk (teneergedruk en oud). Keer op keer het die vrouens gesê dat die oorsaak 'n "pynlike egskeiding" was. Elke vrou het gesê dat haar drome verpletter was toe dinge nie uitgedraai het soos sy beplan het nie. Kosbare vrou—hulle doen nooit nie!

Weereens, God het ons geskep om die nodigheid te hê om deur Een bemin te word, en net Een. En wanneer ons ontrou aan Hom is, eindig ons op met dieselfde gebroke lewe asof ons ontrou aan ons aardse huwelike was en 'n egbreekster geword het. Dinge mag dalk prettig en gelukkig lyk aan die begin, maar later draai dit altyd lelik uit—net soos wat ons huwelike lelik geword het omdat ons na die verkeerde man gehunker het. Toe het ons aangesig en voorkoms ook lelik geword, dikwels as gevolg van bitterheid wat in onvergifnis gewortel was, soos wat ons dwaaslik liefde gesoek het van diegene wat dit eenvoudig "nie het nie."

In plaas daarvan moet ons *meer* van God najaag en om meer intiem te word met ons geliefde Man. Om Hom toe te laat om alles vir ons te wees: Voorsiener, Minnaar, Vriend, Vertrooster en Beskermer. Dit beteken om weg te beweeg van wat ons sien, tot die vlak van geloof waar ons in die Gees lewe. Want 'n vrou wat kies om hierdie vir haar lewe na te jaag, sal haar pyn vir vreugde verruil en dit sal haar immuun hou teen die siektes, boosheid en laste van hierdie wêreld.

As Jesus gesterf het om vir ons die Oorvloedige Lewe te gee, dan, liewe mens, waar is dit? Sekerlik nie in die lewens van meeste hedendaagse Christelike vroue nie! En ons lewens, ons kompulsiewe begeerte vir "ons man" kweek hierdie obsessie in ons dogters en die jong vrouens in ons lewens wat toekyk. Ons bewys, deur ons trane en deur ons gesprekke (wat ALTYD om die man draai wat ons hoop en bid ons eendag sal liefhê), dat die doel van die lewe draai om 'n man, in plaas van die Seun van die Mens. Vir vrouens wat verwerp of verlaat is deur hulle mans, is herstel en versoening al waaraan hulle kan dink en gewoonlik al waaroor hulle praat en dit verorber elke gram van hulle energie.

Is dit dan 'n wonder waarom ons Verlosser steeds in die hoogte *wag* om ons genadig te wees?

Liewe leser, sodra ek en jy ons liefde vir ons Beminde Bruidegom bewys, sal Hy die omstandighede in ons lewens *reg* stel om ons in *alle gebiede* van ons lewens te seën: verhoudings (vanaf jou kinders tot jou broers en susters, ouers, skoonouers, man en selfs by jou werksplek), finansies (van altyd 'n tekort aan finansies hê tot die begeertes van jou hart kry, nie net in jou behoeftes voorsien word nie), gesondheid (omdat met vreugde kom goed voel en nie meer vatbaar te wees vir siektes nie; genesing vind plaas in die gees en in die liggaam) en elke ander faset van ons lewens.

Geen man in jou lewe kan dit doen nie! Daar is net Een wie die krag en die hulpbronne het om vir ons die Oorvloedige Lewe te gee soos wat ons werklik Sy beminde bruid word!

Hoe het ek van hierdie obsessie laat gaan? Dit was eenvoudig deur meer intiem te word met die Een wat daar reg by my was, my aangelok het en sagmoedig met my gepraat het—net soos Hy aanloklik en sagmoedig met jou praat! Daar is geen formule vir intimiteit nie. Net soos alles, is dit iets waarvoor jy Hom moet VRA. Vir my, ek het eenvoudig vir die Here gesê dat ek nader, nader as enige mens wat op die aarde geloop het, wou wees…maar ek het nie geweet hoe nie en ek het Hom gevra om dit te doen. As 'n resultaat van eenvoudig vra, gaan ek elke dag voort om meer en meer verlief te raak op die Minnaar van my siel. Ek kan elke dag sien hoe Hy nie net in my behoeftes voorsien nie, maar ook in die begeertes van my hart!

Nog 'n voorbeeld was ook terwyl ek gereis het. Het ek 'n paar dae in Kanada in 'n pragtige oord gebly, heeltemal alleen, met my Beminde. Hy het my soontoe gevat om te rus van die reis na verskeie stede in net een week. Daar het ek eerstehands gesien dat Hy niks van my verwag het nie, niks behalwe my liefde vir Hom nie. Ek het nie my dae spandeer deur my Bybel te lees of selfs om te bid nie. Ek het nie soontoe gegaan om te vas nie (alhoewel by die huis, het ek onlangs amper elke dag gevas, net een ete in die aand geëet). Al wat ek daar gedoen het was om in Hom en in Sy ontsagwekkende liefde te rus. Toe ek 'n romantiese fliek op my rekenaar gekyk het, het ek Hom aanhoudend bedank dat ek nie meer mislei was nie (om te glo dat wat ek gekyk het, waar was), maar in plaas daarvan, betower was deur die gevoel dat ek net Hom kon hê en ervaar, net soos elke vrou kan!

Beminde, ons moet elke vrou aanmoedig om verby haar pyn te beweeg en haar help om vrede te vind, en dan van daardie vrede na uiterste vreugde te beweeg—alles omdat ons Hom ken en ervaar. Dit is meer as moontlik vir ieder en elk van julle om dieselfde te ervaar, veral as jy huidiglik seer het of verwerp is. Dit beteken dat ons eenvoudig ons fokus verskuif van die man in ons lewe na die Seun van die Mens en Minnaar van ons siele. En soos wat ons Hom begin agternasit sal ons vind dat mans ons begin agternasit! Maar ek sal nooit terugkyk nie. Geen man sal ooit weer my hart wen nie (net om dit te breek en my gebrekkig te los), nie wanneer daar Een is wat Sy lewe vir my neergelê het sodat ek weer kan lewe nie!! Selfs 'n vrou wat getroud is moet haar hart vir haar Redder standvastig hou. Dit beteken haar begeertes en elke geheim van haar hart, moet aan haar hemele Man vertel word, nie haar aardse een nie.

In een van my onlangse gesprekke met my eks-man het hy my, weereens, agternasit vir versoening. Ons albei was verras toe ek hom gevra het hoe hy gedink het gaan hy kompeteer met wat ek nou het met die Here! Hy het niks gehad om te sê nie en in my hart, kon ek sien hoe reg ek was met wat ek gesê het. Geen man op aarde kan kompeteer met wat jy sal hê wanneer jy die intimiteit, liefde en beskerming verkry wat jou Bruidegom vir jou sal gee wanneer jy werklik *hunker* en *smag* na Hom nie. En wanneer ons hunkering vir die regte Een is, dan sal 'n man na ons hunker en voortgaan om so te doen. Dit is nie totdat 'n man ook hunker na die enigste Een wat in sy behoeftes kan voorsien, wat hy vrede en vreugde en die vervulling sal ervaar wat meeste mans kort nie.

Hierdie soort liefdesverhouding is 'n reis wat begin met een tree. Alle verhoudings word ontwikkel en groei gebaseer op die tyd en aandag wat ons dit gee. Dit mag begin deur jou Bybel te lees, wat Sy liefdes briewe aan jou is, of om liefdes liedjies aan Hom te sing. Alhoewel lof en aanbiddings liedjies wonderlik is, wanneer jy begin om te beweeg na liefdes liedjies wat intimiteit bevorder, is jy goed op pad na 'n liefdesverhouding wat vrouens sal beny en ook sal wil hê. Daar is baie liedjies wat by Christelike troues gesing word wat my hart seergemaak het; nou is dit dieselfde liedjies wat my hart laat sing, wetende dat ek bemin en gekoester word vir wie ek is deur my Beminde.

Nie ek of jy hoef enigsins beter te wees of anders te lyk as wat ons doen nie—daar is soveel vryheid daarin om dit te weet! God het ons geskep net soos wat ons is en Hy kan nie liewer vir ons wees as ons meer in lyn optree met wat 'n Christen behoort te wees nie. Sy liefde is die perfekte liefde wat alle vrees verdryf. Dan met daardie vrees weg, los dit meer plek vir Hom en dit sal op jou gesig begin wys.

Laat daar niks meer trane gestort word oor jou (toekomstige, huidiglike of voormalige) man of eks of kêrel nie, maar laat jou hart wees vir die Een aan wie jy belowe is as Sy geliefde bruid.

Kom ons sit die opgewondenheid vir ons aardse herstel weg en fokus op die verhouding wat ons nou het met ons ware Man—ons Here, Redder en ons Vriend.

Laat daar geen trane meer wees oor verlore liefde nie, maar kyk eerder na die toekoms saam met Hom. Ons hoef nie meer liefde of begrip te vind nie, maar ons kan elke dag begin leef soos die geskenk wat Hy aan ons gegee het.

Vir elkeen van julle wat seer het, bang of eensaam is—jy het eenvoudig meer van Sy liefde nodig. Dit is al. Daar is niks anders wat elke probleem in jou lewe sal oplos behalwe meer van Hom nie.

Ook as jy kinders het, wanneer hulle vertrek om by hulle pa te kuier, raak opgewonde omdat jy meer tyd saam met Hom kan spandeer. Dan, sal jy hulle nie meer mis nie.

Getuienis

Toe my kinders onlangs by hul pa gaan kuier het en om die ander vrou beter te leer ken, het ek myself gekeer om vir hulle te sê dat ek hulle gaan mis. In plaas daarvan het ek gesê, "Wow, julle gaan so 'n wonderlike tyd hê saam met Pappa!" Ek het vir hulle gesê dat hulle nooit oor my hoef bekommerd te wees nie, omdat hulle geweet het ek was heeltemal alleen, weet jy hoe bevrydend dit vir 'n kind is? Om nie skuldig te voel omdat hulle 'n goeie tyd het nie en nie belas te wees met hoe hartseer hul ma is nie, alleen, by die huis?

Jy mag dalk ook wonder of ek bekommerd is oor die blootstelling aan hulle pa se huidiglike leefstyl of die ander vrou in my eks-man se lewe (en haar invloed). Die antwoord is "Nee" Ek weet dat God belowe het dat alles ten goede sal saamwerk vir my en vir my kinders! Dit is genoeg vir my om nie bekommerd te wees of daaraan te dink nie. As ek Sy Woord en Sy beloftes aan my oor redding glo, dan kan ek Hom maklik vertrou met enigiets in hierdie lewe. En dit los my om my lewe te geniet en die oorvloedige lewe te leef.

Deur vir my kerk te reis of as 'n ambassadeur vir Erin se ministerie, terwyl ek vir verlengde tydperke weg is van my kinders, bring bekommernis van baie wat my gesonde verstand en selfs my liefde vir my kinders bevraagteken. Om die helfte van elke maand weg te wees *is* erg, vir seker, maar weereens het God belowe dat Hy goed sal bring van alles wat ek doen. Nie net omdat ek gehoorsaam is na

waar Hy my roep nie, maar selfs as ek per ongeluk 'n gemors maak—
het Hy belowe om my te seën. Met daardie soort versekering hoekom
sou enigeen van ons kies om bekommerd te wees wanneer ons eerder
vreugdevol kan wees? En dit het ook my kinders volop tyd gegee om
saam hulle pa te wees wat by die huis bly terwyl ek weg is.

Een klein waarskuwing, wees verseker dat die vyand sy beste sal
probeer om skuld oor jou nuut-gevonde vryheid te gooi met gedagtes
soos: "Jy gee regtig nie meer om vir jou kinders nie!" Vernietig
daardie gedagtes. In plaas daarvan, is dit eenvoudig jou prioriteite
wat nou reg is en God beloon jou met geen pyn en bekommernis. Jy
mag selfs dieselfde ding van jou vriende, familie en medewerkers
hoor. Weerstaan net om agteruit te gaan (deur hierdie gedagtes te
vermaak) en gebruik die tyd en energie om selfs hoër op te beweeg.

Nadat ek hierdie soort lewe vir net 'n paar maande geleef het, is daar
geen manier wat ek ooit een tree terug sal gee nie. In plaas daarvan,
het ek my lewe verbind om elke vrou in hierdie wêreld aan te moedig
om *ja* te sê vir God en om die Here se bruid te word. Dit is my gebed
dat hierdie hoofstuk, en die res van hierdie boek, iets binne jou sal
laat opvlam wat die vlamme van passie vir die Een wat fluister—
"Trou met my" sal aanblaas.

Hoofstuk 8

Na Wie Luister Jy?

Hulle sal die waarheid verwerp
en **vreemde mites navolg.**
Want daar kom 'n tyd wanneer mense nie
meer na gesonde onderrig sal luister nie.
Hulle sal hulle eie begeertes volg en
leermeesters soek wat net verkondig wat
hulle graag wil hoor.
—2 Timoteus 4:3-4

Net gisteraand, het ek een van daardie telefoon oproepe gehad wat my normaalweg vir dae of selfs weke sou ontstel. My suster het dit basies "verloor" toe ek in die pad gestaan het van wat sy desperaat was om te doen. Die gesprek het geëindig met haar wat lasterlike en onvriendelike woorde in die telefoon geskree het voordat sy die telefoon in my oor neergesit het.

Toe dit verby was, was ek verbaas dat ek heeltemal kalm was. Aangesien sy my ouer suster is, kan ek goed onthou hoe dit my in die verlede geraak het. Met my persoonlikheid verlang ek na vrede en werk daarvoor; ek het vroeër ten alle koste vrede gevind. Maar my fokus het verander van vrede soek met ander, na vrede soek met God en om nie bekommerd te wees oor wat ander sê nie en om ook nie te probeer om hulle tevrede te stel nie. My lewe saam met die Here was vir my 'n ongelooflike reis wat ongelooflike belonings gebring het. My begeerte in hierdie hoofstuk is om jou voor te berei om ook jou eie ongelooflike reis saam met die Here aan te pak wat baie verder as vryheid gaan en lei, weereens, na jou Oorvloedige Lewe!

Wat my vreedsaam gehou het toe daardie woorde na my geslinger was (en baie ander wat my suster se afsluiting vooruit gegaan het), was om te weet hoe my Here en Man oor my voel. So wanneer enige en alle groot situasies soos hierdie opkom, gaan ek na die tyd onmiddelik na Hom toe (soos wat ek gedoen het die eerste keer wat sy geskakel het) of selfs reg in die middel van die aanval, dan vind ek vrede. Die Here het my geleer om Hom te vra wat HY van my dink of hoe Hy oor my voel, wat ek gedoen het nadat sy neergesit het.

Wat HY gesê het was heeltemal verskillend van dit wat ek oor die telefoon gehoor het. En saam met vrede vind, hou ek van hoe God eintlik 'n sin vir humor het en Sy kalmte, waaraan meeste van ons 'n tekort het wanneer ons in die middel van 'n krisis is. Die Here het eintlik gesê, "Maak jy 'n grappie?" toe ek Hom gevra het of wat sy gesê het waar was. God het ook ""n manier om te ontsnap" opgestel deur iemand te kry om my reg in die middel van die eerste aanval te bel, wat my tyd gegee het om my goeie vriendin te vra om vir my te bid (sonder om enige besonderhede te deel aangesien dit sou kom met ongewenste en ongevraagde advies). Wat ook deel van God se plan was sodat ek **nie** op die probleem hoef te fokus nadat sy die telefoon neergesit het nie; in plaas daarvan moes ek my vorige oproep beantwoord en sodoende het my vriendin saam met my gebid om my suster te seën.

Ek het voorheen gevoel ek is dit aan my probleem of vyand "verskuldig" om oor die probleem na te dink en darem bietjie daardeur te ly voordat ek dit laat gaan het! Watse nonsens. Nou, omdat ek Sy bruid is, hou ek alle probleme so ver weg van my hart en emosies af as wat ek in staat is om te doen soos die Here my help. Wanneer beledigings of aanvalle na my geslinger word, verwyder ek myself emosioneel en kruip agter my Beminde en Sy Liefde weg. So as jy huidiglik 'n emosionele aanval ervaar, hou op om te luister (en ook om dit oor en oor in jou kop te herhaal) na wat hy of sy sê en skakel in by wat die Here vir jou sê.

As jy nie op die plek is waar jy God kan hoor nie, hoor hoe die Here met jou praat nie, gaan dan na die Bybel toe en lees wat Hy van jou dink. Hou aan om te lees totdat jy die vrede vind wat alle verstand te bowe gaan. En terwyl jy soek, wees seker om Hom te vra, "is dit wat jy van my dink?" God sal die waarheid praat, maar dit sal jou besluit wees **na wie jy sal luister!**

Meeste van ons is meer gemaklik om te weet hoe om te lewe en reageer in ongelukkige of ongemaklike situasies aangesien ons dit meer dikwels gedoen het. So, in plaas daarvan om van 'n situasie te laat gaan en God se goedheid te oordink en hoeveel die Here ons liefhet, kies ons om onvriendelike woorde oor te vertel en te herhaal. Baie van wat ons geleer het kom uit ons kinderdae en die leuens wat ons toe geglo het en ongelukkig, *verkies* om te glo as volwassenes eerder as om die waarheid te kies en te glo. Wat is die waarheid? God is waarheid, Sy woord is waarheid en enigiets wat nie oplyn met Hom en Sy waarheid nie, is niks meer as 'n leun nie.

Terwyl ek op my laaste toer was en baie sendelinge en selfs RMI lede wie in ander dele van die wêreld bly, ontmoet het, het ek vrouens ontmoet aan die ooskus en Kanada en ek kon nie help om te lag oor een opmerking wat baie lede gemaak het nie. Toe hulle my ontmoet het was hul eerstens verbaas oor hoe lank ek is. Maar tweedens was hul verbaas hoe "pragtig" ek is. Die ironie van dit is dat my familie al my HELE lewe lank vir my vertel dat ek NIE mooi is nie, maar instede is ek geseënd met 'n goeie of uitgaande persoonlikheid. Dit het my nooit op enige manier beskadig nie, maar het eerder gehelp om my te laat fokus op wie ek was aan die binnekant eerder as om bekommerd te wees oor wat vir my gesê was ek *nie* aan die buitekant was nie.

Toe ek met my VM getrou het, was hy buite homself toe hy gehoor het wat my familie se opinie oor my voorkoms is. Eendag, vroeg in ons huwelik, het ek aan my ma genoem dat hy eintlik dink ek was die mooiste van my susters, waarop sy reageer het met, "Hoe dierbaar...liefde is so blind." Eerlikwaar, dit moes God gewees het wat my die heeltyd beskerm het teen vrees en skade as gevolg van hierdie soort woorde, aangesien ek weet daar is so baie van julle wat wel ly as gevolg van wat gesê was oor julle voorkoms as 'n kind. Alhoewel dit nie die skade aangerig het wat die vyand beplan het nie, het wat hulle oor my karakter gesê het skade aangerig, aangesien dit al was wat ek gedink het ek gehad het. So toe my suster my karakter aangeval het, het dit die "potensiaal gehad" om regtig skade aan te rig.

Een van ons lede het vir my gesê (toe ek haar gevra het hoekom sy nie geglimlag het vir 'n foto wat ons daardie dag geneem het nie) dat haar pa vir haar gesê het om nooit te glimlag nie, aangesien sy "onnosel lyk wanneer sy glimlag." Dit was duidelik dat sy nooit vir die Here gevra het hoe HY voel oor haar pragtige glimlag nie, maar in plaas daarvan het sy in 'n tronk toegesluit gebly omdat sy die leuen geglo het wat jare gelede geplant was. En om oor die feite te redeneer of daarna te kyk sal jou nooit verlos van wat vir jou gesê was in die verlede nie. Maak nie saak hoeveel keer my VM vir my gesê het dat ek mooi was nie, saam met die "feit" dat die Here my familie (EK ingesluit) vir drie jaar betrokke gehad het in 'n reeks advertensies en brosjures (kan jy glo?) as modelle, het ek nooit vir een oomblik gedink dat ek mooi was nie. Dit was slegs toe my Beminde dit vir my gesê het wat ek geglo het ek is mooi vir HOM—aangesien dit al is wat vir my saak maak!

Jy mag dalk nie wees wat ons samelewing glo is mooi nie, maar daar is geen twyfel dat dit is hoe Hy oor jou voel nie! Wat die samelewing glo is mooi verander die heeltyd, so hoekom onsself en ons gevoelens fikseer op iets wat verander— net soos klere style verander? Dit is nie net dwaas vir ons om vasgevang te word in hierdie menasie van gewilde opinies nie, maar dit is ook baie gevaarlik aangesien ons dogters, en al die jonger vrouens in ons lewens dieselfde sal begin doen as gevolg van ons voorbeeld.

Dit beteken nie dat ons niks moet doen om ons te help om mooi te lyk nie. Wanneer ons voel dat ons mooi lyk, tree ons anders op. Dit is hoekom ons, weereens, na God toe moet gaan en Hom vra wat Hy van ons dink. Wanneer ons die feit omhels dat God ons perfek geskep het. dan sal ons die vertroue hê om onsself daarvolgens aan te trek en te pamperlang. Ja, dit kan ver buite balans raak, veral as ons voorkoms al is waaroor ons omgee en op konsentreer. Maar om dit af te skeep is om onsself te flous om te dink dat ons nooit oor ons uiterlike moet omgee nie. As hoe ons lyk nie saak gemaak het nie, dan sou God nie vir ons gesê het hoe pragtig Sara was (om Farao op haar ouderdom aangetrokke tot haar te maak slaan my asem weg!) of Koningin Ester en hoe aantreklik Dawid en Josef was nie.

Sommige vrouens is gerus in hul voorkoms, maar word deur ander kwessies getreiter soos dat aan hulle gesê was dat hul onnosel is of ongekoördineerd of hulle sal altyd vet wees want hulle aard na hul ma of ouma wat oorgewig was. Niks hiervan hoef jou te weerhou van die oorvloedige lewe wat Jesus gesterf het om vir jou te gee nie. Jy kan jouself bevry uit die tronk waarin jy vasgevang is wanneer jy ophou luister na die leuens van jou verlede (of huidige situasie) en dan begin om eerder die Here te vra vir SY opinie. Dit is die waarheid wat ons sal vrymaak! So wanneer ons Man vir ons sê dat ons mooi is of intelligent is (omdat ons Christus se gedagtes het), moet ons ophou om die ou leuens te spreek en begin om in geloof te stap met ons nuutgevonde waarheid.

Wanneer ons kies om in 'n mite te glo, wat gedefinieer word as leuens, weerhou ons onsself van die oorvloedige lewe. Ons familie, vriende, of man mag dalk die leuen geplant het, maar as ons voort gaan om dit te glo, is dit *ons* wat die leuen natmaak en lewendig hou.

Bly Stil

Daar is ook ander gevare as jy luister na ander stemme eerder as God se stem. Ons weet van die Skrif dat Saul sy kroon verloor het deur na die stemme van mense te luister wat hom aangemoedig het om aan God ongehoorsaam te wees (lees 1 Sameul 15:24). Die jong profeet het selfs meer verloor deur sy lewe te verloor toe hy na die stem van die ou profeet geluister het wat hom genooi het om saam met hom te eet in plaas daarvan om te doen wat God vir hom gesê het om te doen (lees 1 Konings 13:11-32).

Waar sou Jerusalem gewees het as Nehemia ingegee het aan die spottery en geluister het na die stemme van die kerk leiers wat wou gehad het dat hy moet ophou met die pogings om die mure te herbou en moes afkom om met hulle daaroor te praat? (lees Nehemia 6:1-9)

Almal van ons moet leer om na God se stem te luister en te gehoorsaam bo enigiemand anders se stem, ook ons eie. Dit begin met ons daaglikse lewe en nie net die belangrike besluite wat ons maak nie. En wat sal voortgaan om ons vermoë om God se stem te hoor en te gehoorsaam, te bemoeilik, is al die opinies wat ons van almal rondom ons hoor, alles omdat ONS dwaaslik vir hulle vertel wat ons doen of gaan doen!

Laat ek bieg, dit was die moeilikste les is wat ek nog in my lewe moes leer! Dit lyk asof ek amper daagliks soos 'n dwaas iets van my lewe deel waaroor ek moes stil gebly het. Ons vrouens hou daarvan om ons lewens met ander te deel, maar ek is nie seker of ek langer bereid is om te ly as gevolg daarvan nie.

Onlangs is ek deur 'n groot beproewing in my lewe getref, dit het te doen met my oudste suster wat geestelik ongeveer 14 jaar oud is, maar emosioneel ongeveer 4 jaar oud is, wie hierdie jaar 65 word. Een van my ander susters was haar versorger en het geskakel net voor ek vertrek het op 'n twee weke toer en het aangedring dat ek "haar vat." Dit is wat die geslingerde woorde waarvan ek gepraat het aan die begin van hierdie hoofstuk, aangehits het. Nietemin, ek het geweet dat ek haar nie hier kon hê terwyl ek gereis het nie omdat ek haar nooit vertel het dat my man my weer gelos het nie. Dit was in my onkunde en dwaasheid wat ek die situasie met my broers en susters gedeel het *nadat* ek van God gehoor het wat ek moes doen. Is jy verras dat wat my broers en susters vir my gesê het om te doen nie dieselfde was as wat God vir my gesê het om te doen nie?

Dit het toe 'n stroom geskep waarteen ek moes swem wat veroorsaak het dat om God se plan te volg, baie moeiliker was! Sommige van die moeilikhede het ontstaan as gevolg van hulle vrae oor wat ek volgende beplan om te doen aangesien al hulle "voorstelle" (wat normaalweg, in my familie gestel word as bevele) begin het om in te meng met wat God se rigting was vir wat Hy wou gehad het ek moes doen.

Die besef dat ek nie my huidige situasie oor my onlangse egskeiding met hulle *hoef* te gedeel het nie (en al die besonderhede wat ander van jou verwag om te verduidelik), het gekom uit die getuienisse van RMI lede wat wyslik stil gebly het oor hulle situasies in hulle huwelike (skeiding, hulle mans se owerspel en selfs hulle egskeiding). En as gevolg daarvan, was hulle in staat om God meer duidelik te hoor en ook om Sy leiding te volg sonder die verwarring of opposisie wanneer familie of welmenende vriende betrokke sou raak. Dit het hulle ook tyd gegee om hulle eie verlies te verwerk (van 'n man of hulle huwelik) en al die emosies wat daarmee gepaard gaan. Dan later, as hulle familie wel "uitgevind" het, was hulle in staat om hul familie se woede makliker te hanteer aangesien hulle stabiel was (op die Rots).

Alhoewel ek hierdie wysheid hierdie keer met my egskeiding gevolg het, gaan ek voort om in ander krisisse te faal en net sommige van die daaglikse besluite wat ek in die gesig staar. Dit is duidelik dat daar veel meer aan 'n "*stil* en sagmoedige gees" is wat ek nog moet leer. Wanneer ons "aan dinge terugdink" soos Maria (die moeder van Jesus) gedoen het, dan is ons gedagtes net ons s'n om God oor te soek en in staat te wees om te volg of om te hanteer—met Sy hulp. Ons het nie nodig om daarby ander se opinies of emosies te voeg wat in die pad kom en ons dikwels verward, verslaan, of eenvoudig moeg los.

Dit is my hartsbegeerte om God te soek vir meer van hierdie vryheid soos wat Hy my selfs meer in staat stel om stil te bly en dinge net met Hom te deel. Dit geld vir meer inligting gee as wat nodig is wanneer jy met mense praat. Met ander woorde, ek weet dat ek meer diskresie in my lewe nodig het. Al my onlangse probleme, weet ek nou, kom uit my mond uit en wat ek sê. Baie dikwels, sal die gebied waarin ons die meeste gesalf is, wat in my lewe my vermoë is om te praat, ook ons grootste ondergang wees; ek, persoonlik, moet dit heeltemal oorgee aan die Here en die Heilige Gees.

Liewe vriendin, waarmee jy ookal sukkel (jou tekort aan diskresie, jou mond, jou emosies, of enige ander area waarmee jy te doen het), jou Bruidegom wil jou daarmee help. Hy wil nooit hê jy dat moet sukkel deur jou laste te dra wat jy opgetel het nie of beswaring wat iemand op jou afgelaai het nie. Instede, gee dit vir Hom om vir jou te dra. Dit sal jou arms wyd oop los om Hom te omhels met die waardering en liefde wat Hy verdien en hunker om van jou te ontvang!

Hoofstuk 9

Gee

Gee, en vir julle sal **gegee** word:
'n goeie maat, ingestamp, geskud en propvol,
sal in hulle in julle hande gee.
Met die maat waarmee julle meet,
sal ook vir julle gemeet word.
—Lukas 6:38

Vir hierdie spesifieke hoofstuk, anders as om te weet wat om dit te noem, het dit nie dadelik by my opgekom nie. In plaas daarvan, het ek so baie titels gehad wat ek wou gebruik het. Die boodskap van gee is een wat al so misbruik is, wat uiteindelik gelei het tot hierdie kragtige beginsel wat verskriklik verwaarloos is. Die resultaat van die misbruik van gee, gevolg deur die verwaarlosing van die boodskap oor gee, het veroorsaak dat die Christelike gemeenskap nie meer lyk soos "kinders van God" nie —in plaas daarvan lyk ons soos weeskinders.

Hier is 'n paar van my titels

Gee—Die Pad Uit Armoede

Gee Wanneer Jy Behoeftig Is

Soos met elke beginsel wat ons tot dusver geleer het, is gee heeltemal die teenoorgestelde van wat natuurlik kom. Wanneer ons behoeftig is, is gee sekerlik die laaste ding wat ons lus het om te doen. Ek is nie anders as enigeen van julle nie. My vlees wil my lewe beheer net soos jou vlees jou lewe wil beheer. Tog, as volgelinge van die Here (wat om 'n Christen te wees beteken), streef ons almal om weg te breek van ons vleeslike maniere en die oorvloedige lewe te leef, wat beteken om volgens God se beginsels te leef deur die leiding van die Heilige Gees en Sy genade in elke situasie aan te wend.

Om 'n volgeling te wees, beteken dat jy sterf aan die vlees en in geloof moet uitstap, wat altyd ongesien is.

As jy al Erin se video's gesien het, mag jy onthou dat sy gepraat het van leef "nie deur sig" nie. En soos ek, het jy geleer dat God ons opstel in 'n plek van nood om ons te seën. Dit is by die aansluiting van ons gebrek wanneer ons lot, of seëninge, voor ons staan en dit is ons wat moet kies. Ons vlees wil terugtrek, weerhou en vir 'n ander bron soek om die gebrek in ons lewens te vul. Maar, as gelowiges word ons gevra, om in plaas daarvan, in geloof te wandel selfs al kan ons nie sien wat voorlê nie. En dit is ons vertroue in die Here wat ons vorentoe druk.

Vir dié wat nie die video's gesien het nie, laat ek sê dat die Here my opgestel het in 'n baie, baie onheilspellende posisie. Vroeg een oggend, het op my aanlyn bank ingegaan om die bank state te druk vir my persoonlike rekening en die kerk se rekening. Die balans het my heel onkant gevang, omdat daar NIKS oor was in albei van hulle nie. Oor die verloop van die "moeilikste jaar van my lewe" het baie gemeentelede die kerk verlaat nadat my man se owerspel ontdek was: eerstens die ouer lede, toe die mans (wie ook ons grootste skenkers was) en later, het dié wat gebly het, begin om finansiële teenspoed te ervaar, so hulle het begin om nie hulle tiendes te gee of om vir die kerk te gee nie. Laat my hier stilstaan vir 'n oomblik en die beginsel deel wat jou lewe letterlik sal verander.

Wanneer dit lyk asof jy niks oor het nie, moet jy *gee* om te ontvang. As jy faal om te *gee*, sal jy behoeftig bly.

"Daar is mense wat vrylik uitdeel en tog steeds meer het, daar is ander wat suinig is en tog arm word. Wie 'n ander voorspoed gun, sal self oorvloed hê. Wie die dors van ander les, sal self genoeg kry as hy dors is" (Spreuke 11:24-25).

Die Boodskap Bybel stel dit so: "Wie baie vir ander gee, word al hoe ryker. Wie suinig is, word al hoe armer. Wie ander help om beter te lewe is self voorspoedig. Wie ander se nood raaksien, is 'n gelukkige mens. As jy ander help, sal jy gehelp word as jy dit nodig het.

Daardie oggend, het ek volslae ondergang in die gesig gestaar. Vir maande het ek gesien hoe ons gemeentelede hulle persoonlike profiele opdateer (wat in ons kantoor epos inkom) met "gee nie" oor en oor en oor. Om dit alles te kroon, het ek gelei gevoel (aangesien dit op my hart was vir JARE) om die vereiste boeke gratis aan ons voornemende lede te *gee* om aanlyn te lees. Toe, as gevolg hiervan, het ons boekwinkel die boeke op uitverkoping geplaas en as 'n resultaat het meeste van ons kerk personeel deeltyds begin werk aangesien daar nie meer genoeg werk was vir voltydse indiensneming nie.

As ek nie in die vinnige baan gelewe het nie (dit voel meer soos die Duitse Autobahn), kon ek gekyk het hoe ons finansies afwaarts tuimel, maar ek was te besig om regtig tyd te neem om dit agter te kom—tot daardie oggend. Daardie oggend was soos 'n spatsel koue water in my gesig. Die Here het my maande vantevore vertel van sommige van hierdie veranderings, maar dit was toe ek finansieel meer as goed was. God het doelbewus gewag totdat ek duidelik kon sien dat ek op die punt gestaan het om onder te gaan om my te vra om te gee.

"Nadat Hy gehoor het dat Lasarus siek is, het Hy egter nog twee dae op die plek gebly waar Hy was... Toe Jesus daar kom, het Hy gevind dat Lasarus al vier dae in die graf was" (Johannes 11:6,17).

Die Here het my opgestel vir 'n groot seëning en sodat Sy Vader verheerlik kon word. Maar vir dit om te gebeur, moes Hy my na daardie een poort toe lei, wat nou is en moeilik is om te vind. *"Gaan deur die nou poort in. Die poort wat na die verderf lei, is wyd en die pad daarheen breed, en dié wat daardeur ingaan, is baie. Maar die poort wat na die lewe lei, is nou en die pad daarheen smal, en dié wat dit kry, is min"* (Matteus 7:13-14).

Die Here het daardie ogged vir my gesê, net nadat ek gesien het ek het niks oor nie, dat Hy wou gehad het ek moes op ons kerk se aanlyn winkel gaan en op al die boeke, video's en oudiobande afslag gee, maar dit het nie daar geëindig nie. Toe dit voltooi was, het Hy vir my gesê om ons gemeentelede se lede afslag af te stel na 50%, op van die 20% wat ons ons gemeentelede vir jare gegee het. Die resultaat sou wees dat ons geen wins maak nie. Die prys sou net die druk koste dek.

Deur na die feite te kyk, sou hierdie stap gelei het tot die ineenstorting van ons kerk, maar watter opsies het ek regtig gehad? Die Here het my oor die jare geleer om op Hom te vertrou en op Hom alleenlik. Werke of om 'n ander plan uit te dink het nie meer my in my gedagtes gekom nie en ek was regtig te diep in om nie iets onnosel te probeer nie. Boonop, het God 'n passie in my hart geplaas om te *gee*, wat direk gespruit het (of moet ek sê "direk gevloei") uit Sy hart van *gee* na myne.

Oor die verloop van die vorige jaar, was daar so baie vir my *gegee* van die Here af: liefde, deernis, vertroosting, sekuriteit, vrede, vreugde, geduld, goedheid en die lys gaan aan en aan. As 'n resultaat, was al wat ek wou doen, *gee*: *gee* van my tyd, gee van my oorvloed liefde, *gee* alles *weg* wat so vrylik aan my *gegee* is! Daar was so baie kere wat ek myself aan die einde van my bronne gevind het, net om op 'n plek geplaas te word waar God my gevra het om uit my tekort te *gee* en toe ek dit gedoen het—was ek weer in oorvloed!

Laat my net 'n paar voorbeelde deel wat nie finansiële gee insluit nie, sodat jy kan sien dat gee wanneer jy behoeftig is 'n beginsel is om te volg, nie 'n wet is wat ons moet gehoorsaam of daardeur verdruk moet voel nie.

Die eerste een waaraan die Here my herinner, was tydens my eerste, baie lang toer om ons gemeentelede te ontmoet. Ek was presies halfpad (gevlieg na 14 stede in 16 dae) en ek was uitgeput! Ek het geen idee gehad hoe ek dit sou maak nie. So ek het na my kamer gegaan om met die Here daaroor te praat. Terwyl ek op my laagste was, het die Here my aangehits om af te gaan en my kosbare gasvrou met 'n hare en grimering "oor-maak" te seën. Toe ek wou onttrek, het die "geleentheid" gekom vir MY om te *gee*.

Daardie aand het ek nie vroeg bed toe gegaan soos my normale roetine nie, maar laat ek jou vertel, toe ek wakker word, het ek meer energie en entoesiasme gehad as toe ek my reis begin het! In plaas van weerhou, het ek *gegee* uit die klein bietjie energie wat ek oor gehad het en die resultaat was niks minder as 'n wonderwerk nie.

Die volgende geleentheid wat ek kan onthou was toe ek aan die einde van myself gekom het (en my krag). Dit het 'n paar maande na my egskeiding gebeur toe, om weer 'n "enkel ma" te wees, sy tol geëis het. Ek het pas my VM se posisie in ons kerk oorgeneem (behalwe preek), sodat ons inkomste as pastore sou voortgaan. So, bo en behalwe my eie posisie in ons kerk, wat bediening was aan duisende vrouens, moes ek al sy ander pligte oorneem by die kerk en ook by die huis. By dit, het ek begin om twee weke uit elke maand te reis om te help herstel na die owerspel skandaal toe ons baie van ons televisie gehoor en lede verloor het. Saam met dit, het my kinders nog gesukkel met hul eie verlies, so wanneer ek by die huis was, moes ek dit op myself neem (staat maak op God se krag natuurlik), deur baie van die werkies wat my kinders vir my gedoen het, soos die kookwerk, oor te neem.

Daardie dag het dit gelyk asof my krag uithardloop. Ek het net by my VM se lessenaar gesit in ons kantoor by die huis en gewonder hoe ek dit sou maak, toe God die "geleentheid" gebring het om my uitputting te oorkom deur te *gee* sodat Hy my kon seën.

Eerstens, het 'n epos ingekom van my broer af wat oorsee bly. Hy het geskryf en vir my gesê dat hy "voortgegaan het en 'n vlug vir my broerskind bespreek het" (wie 16 jaar oud was) om by ons te kom bly vir 'n jaar. Ek het net verstom daar gesit (omdat ek vir hom geskryf het en gesê het dat sy NIE kon kom nie, toe later uitgevind het dat ek dit na die verkeerde epos adres toe gestuur het). 'n Oomblik later loop my seun in en sê vir my dat sy vriend uit sy huis uit geskop was en hy het gevra of hy by ons kan kom bly. Nie net was dit nog 'n liggaam in ons huis nie—hierdie kind was groot en kon regtig eet!

Nie tien minute later nie, kom my dogter in om my te vra wat sy moet doen. Dit het gelyk asof haar vriendin uit haar huis uitgesluit was, haar ma was weg op 'n week lange konferensie en sy het nie geweet hoe om haar te help nie.

Op hierdie stadium, wil ons vlees net skree en hardloop, maar diep in ons gees, as ons die stilte in ons harte vind, kan ons vaagweg hoor hoe die Here ons bekoor met sy Liefde en ons vra om te *gee*. Die oorvloed van Sy liefde het ons "opgestel" om in staat te wees om ander te seën, dit nie vir onsself te hou nie.

- Dit is nie totdat ons teen die Rooi See gedruk word dat die waters vir ons sal skei om deur te loop nie (om nie te noem ons vyande wat verdrink word nie).

- Dit is nie totdat daar nie meer wyn by die huweliks fees is wat die eerste wonderwerk in ons lewens uitgevoer sal word nie.

- Dit is nie totdat ons ons laaste maaltyd het met ons enigste kind, wat 'n profeet aankom en ons vra om vir hom 'n koek te bak, sodat ons kombuis gevul sal word met olie om ons skuld af te betaal en ons voorspoedig te maak nie (lees 1 Konings 17:8-16). In plaas daarvan wil ons vlees eet en die koek vir ons eie kind voer wat honger ly en op die punt is om dood te gaan.

Aangesien ek God en Sy beginsels geken het en ek het ook die Here se eindelose liefde vir my geken, sonder die geringste inklinasie dat dit tot oorvloedige krag sou lei, het ek met graagte ingestem dat my broerskind by ons kon kom bly, ook die jong man het saam met my seuns op die onderste verdieping ingetrek, so ook het my dogter se vriendin, wat hulle kamer op die boonste verdieping gedeel het. Die resultaat was dat ek onbeperkte energie gevind het wat super gelaai was deur die Heilige Gees! Ek was in staat om meer as tevore aan te vat en in plaas daarvan om te sukkel met die "arme ek, wat gaan ek doen" sindroom, was ek in staat om met gemak daarteen te baklei. Eerder as om te sukkel soos wat ek gevoel het, was ek in staat om deur alles met onbeperkte energie te gly, vreugde in my hart en lof op my lippe. Al wat ek nou kon sien was God se hand en Sy voorsiening wat my omring, nie die tekort wat eens op 'n tyd oor my gehang het nie.

En dames, dit het nie by fisiese oorvloed gestop nie . Oorvloed is ook waar ek nou finansieel is, nie verarm soos ek daardie oggend was toe ek na ons bank balans gekyk het nie. Minute nadat ek gehoorsaam was en my huis vir 3 jong mense oop gemaak het, het die geleentheid om uit die skuld te kom letterlik na my deur toe gekom. Die "tekort" in ons bank rekening het geëindig in die ongelooflikste seëning wat ek nog ooit gesien het, maar nie voordat die Here vir my nog 'n plek gewys het waar ek moes gee uit my tekort nie.

Later daardie selfde dag, soos ek gesê het, het ek niks in beide van die bank rekeninge gehad nie. Die Here het my 'n boek bestelling laat optel vir ons kerk biblioteek, wat meestal nuwe Bybels was. Onmiddelik nadat die jong man die bokse in my kar gelaai het, het die Here vir my gesê dat Hy wou gehad het dat ek alles moes weg **gee,** niks daarvoor vra nie, nie eers om ons kostes te dek nie. In plaas daarvan, wou Hy hê ek moes in die lewens van die hawelose mense in plaaslike skuilings saai en Hy het die hele plan uitgelê soos ek terug gery het kerk toe. Al hierdie "geleenthede" het my gelei tot die vervulling van my groot finansiële tekort, maar nie voordat God die finale "geleentheid" toegelaat het vir my om te *gee* nie. Die resultaat was onmiddelik—daardie selfde aand het ek my rekenaar oopgemaak en 'n groot donasie het deur epos ingekom, wat die grootste enkele donasie was wat ons kerk ooit ontvang het!!

Was ek nie gehoorsaam om elke "geleentheid" te neem wat die Here aangebied het nie, sou ek nie **oop** gewees het om die groot seëning te ontvang wat ons kerk daardie dag ontvang het nie. Hier is die beginsel tot oorvloed:

Hoe groter die nood krisis is, hoe groter die gehoorsaamheid wat geverg sal word, die resultaat sal 'n groter seëning wees wat oorloop—*ingestamp, geskud en propvol.*

Daarom, as jou arms belaai is deur onvoorsiene laste te dra wat aan ander behoort, wanneer die Here jou vra om te gee—sal jou arms nie oop wees om te ontvang wat Hy van plan is om vir jou te gee nie.

So baie vrouens wil dieselfde seëninge in hul lewens hê, maar is ongewillig om die kleinste dingetjie te *gee* wat hulle het om sodoende te ontvang. Begin net om te *gee* wat jy het wanneer jy sien dat die Here jou die geleentheid *gee* om dit te doen.

Een sleutel beginsel wat ons in ons agterkoppe moet hou, maar nie tot op die punt wat dit ons sal opsluit om bang te wees om met vrymoedigheid saam met die Here te loop op die gebied van *gee* nie, is dat die vyand, die duiwel, ook daarvan hou om homself te vermom om ons van koers af te kry. Hoeveel keer het ek vrouens gesien wat letterlik hulself van 'n "krans afgooi" net om hulself in 'n gemors te vind vir almal om te sien as 'n bespotting van hulle "geloof"? God vra ons nie om waansinnige dinge te doen nie (onthou die vyand het ook 'n stem), alhoewel vir sommige lyk alles wat ons doen waansinnig. So hoe ken ons die verskil?

Natuurlik, om God se stem te ken is die sleutel en dit gebeur deur net in Sy teenwoordigheid te wees en Hom toe te laat om elke oggend en gedurende die dag met jou te praat. Dit is anders as om die Bybel te lees—maar deur Sy Woord te lees is waar jy moet begin. Om Sy beginsels te ken sal jou ook weerhou om te verdwaal omdat Sy Woord jou wysheid gee en jou laat weet wat Hy jou mag roep om te doen en wat Hy vir jou sal sê om te doen. Laastens, dit is om net stil te sit en te luister vir daardie stil, klein stemmetjie, sodat jy Sy stem bo al die res kan erken.

Dit sluit ook in om nie te vra of te luister na almal se opinie oor wat jy moet doen nie. Selfs al "vra" jy nie vir advies nie, gaan jy advies kry as jy vir almal vertel (of slegs net 'n paar of somtyds net een persoon) wat besig is om in jou lewe te gebeur. Dit is wanneer daardie "sagmoedige en STIL gees" in aksie gesit moet word. Wees stil oor wat in jou lewe aangaan en praat eerder met die Here daaroor—skakel jou foon af sodat jy Sy stem bo enigiemand anders se stem sal ken.

Tweedens, het ek gevind dat die vyand daarvan hou om my van koers af te kry deur my "eiegeregtige vlees" te voer. Hy hou daarvan om my op te pof sodat ek my die groot getuienis kan voorstel wat ek in staat sal wees om te deel as ek dit of dat doen! As dit jou motivering is, dan beteken dit dat jy jouself eerder van 'n krans gaan afgooi net om 'n gek van jouself te maak wanneer dinge sleg uitdraai.

Nog 'n verkeerde motief is wanneer sommige vrouens die verregaande doen om iemand anders as die Here, te wys hoeveel hulle omgee of gewillig is om hulle liefde te bewys—veral hul mans of VM. As dit jou motivering is, dan is jy nog steeds in afgodery deur jou man (of iemand anders en hulle opinie of hulle liefde) bo die Here te stel.

Vir die grootste gedeelte, deur te doen wat God jou geroep het om te doen sal beteken 1) om een van God se beginsels toe te pas, soos gee, 2) iets sal wees waarvoor niemand jou sal prys nie, 3) en sal 'n getuienis wees wat jy eerder **nie** met meeste mense wat jy ken sal deel nie omdat hulle nie sal verstaan nie en heel moontlik dink jy is van jou trollie af.

Hier is nog n vernietigende motivering: "As ek $$$ aan RMI gee sal my huwelik herstel word." Kosbare een, God aanvaar nie omkoopgeld nie en RMI het my of jou nog nooit gevra vir geld nie. Gewoonlik wanneer die Here jou roep om te *gee* (of gehoorsaam te wees op 'n ander manier) het jy nie 'n spesifieke beloning in gedagte nie. Jy is eenvoudig vasbeslote om te *gee* wanneer jy gevra word of te gehoorsaam wanneer daar vir jou gesê word.

Laat my afsluit met nog 'n paar getuienisse, aangesien God sê dat ons die goddelose sal oorwin danksy die kosbare bloed van die Lam EN die boodskap waarvan ons getuig het (Lees Die Openbaring 12:11).

My eerste groot finansiële toets het gebeur *onmiddelik* na my egskeiding toe ek, vir die eerste keer in 16 jaar, in beheer was van ons familie se finansies. My man het my met al ons skuld gelos en was vasbeslote dat hy ook nie onderhoud vir die kinders sou betaal nie. Toe ek na AL die rekeninge gekyk het, was ek oorweldig. So ek het na die Here toe gegaan om Hom te vra waar ek moes begin. Hy het my onmiddellik herinner aan ons kerk se boubelofte. Ons, as 'n paartjie, het $10,000 belowe, wat oor twee jaar betaal sou word; tog was daar minder as twee maande oor en $7,000 moes nog betaal word. Die Here het vir my gesê om daar te begin.

Onthou hoe ek gesê het ek het nog steeds 'n lang pad om te gaan om nie met ander te deel wat ek doen of gaan doen nie? Wel ek kan jou nie sê hoeveel mense my probeer keer het om te doen wat, regtig, ek nie sonder God se hulp kon doen nie. So ek het probeer om te verduidelik dat ek eenvoudig nie daardie soort geld gehad het nie. Maar ek het geweet as ek vorentoe loop met die regte hart, Hy 'n pad sou maak as dit Sy plan *was*. Ongelooflik het God my die pad gewys en net **twee ure** nadat ek die $7,000 tjek in die offerande geplaas het, het ek $10,000 ontvang (die hele boubelofte) terug!

My openings getuienis, toe ek niks in ons bank rekeninge gehad het nie, het later gelei tot 'n ongelooflike herfinansiering opsie wat sou beteken dat ek geen skuld behalwe die huis paaiement gehad het nie (selfs my kar sou afbetaal word) en nog 'n tjek van amper $15,000 was op pad wat 'n televisie lidmaat geskryf het vir my vroue ministerie.

Onthou, dit het gebeur slegs nadat ek gesien het, dieselfde oggend, dat vir my om die rekeninge te betaal, kon ek *sien* sou beteken om oortrokke te wees. Ek het dag-na-dag die "gee nie" opdatering van ons lede se profiele *gesien,* net soos wat ek die afname in aanlyn boek en video verkope *gesien* het, maar in vergelyking met God se beloftes en Hom wat my vra om Hom te vertrou, was ek in staat om elke keer gehoorsaam te wees as Hy my gevra het om te gee, selfs toe ek 'n tekort gehad het, wat my in staat gestel het om sterk te word in geloof en op die ou einde, glorie aan God te gee!

"Al was hy sowat honderd jaar en al het hy dus goed besef dat sy liggaam reeds gedaan was en dat Sara te oud was om kinders te hê, het sy geloof nie verswak nie. Hy het nie in ongeloof begin twyfel aan die belofte van God nie, maar hy is in sy geloof versterk en het aan God die eer gegee. Hy was ook ten volle daarvan oortuig dat God mag het om te doen wat Hy beloof het" (Romeine 4:19-21).

Laat ek afsluit deur te sê dat ek geen pluimpie verdien nie "o julle wat min vertroue het," maar met die geloof van 'n mosterd saadjie het ek *gesien* hoe daardie berg van finansiële tekort in die see geval het.

Liewe leser, saai die mosterd saad van geloof soos wat die Here jou lei en wees op die uitkyk vir dié "geleenthede" om te *gee* wanneer jy 'n "tekort" in die gesig staar, wetende dat, kosbare een, God op die punt staan om die Rooi See agter jou oop te maak—so pak jou tasse want jy staan op die punt om *deur* te loop op droë grond terwyl die water jou vyande gaan verswelg en verdrink!

Hoofstuk 10

Oorgawe

Hy wat sy lewe wil behou sal dit verloor,
en hy wat sy lewe ter wille van My verloor, sal dit vind.
—Matteus 10:39

Oorgawe is die pad na die die oorvloedige lewe en daarom is dit iets waarmee ons sukkel. Oorgawe beteken eenvoudig om beheer op te gee van en om ons bestemming in die hande van iemand anders te plaas. Maar, solank ons enige beheer oor enige aspek van ons lewens handhaaf, verloor ons die geleentheid vir ware vryheid, die vryheid wat vreugde en vrede bring.

Die heel eerste keer wat ons ons "lewens" oorgee aan die Here en Sy plan van redding aanvaar, neem ons die eerste stap. Almal van ons kan die vryheid en vreugde onthou wat dit beteken het: om skoon te voel, vergewe te wees en vir die eerste keer, het ons toekoms helder gelyk. Maar God is nie tevrede (dankie, Jesus) om ons daar te los nie. Hy sê vir ons dat Hy ons van glorie tot glorie wil vat (2 Korintiërs 3:18).

Soos wat ons van glorie tot glorie beweeg, sal Sy Heilige Gees stadig begin om vir ons verskillende gebiede van ons lewens te wys wat gesuiwer moet word. Uiteindelik, sal Hy vir ons vra om daardie ding (of persoon) in ons lewens in Sy liefdevolle hande oor te gee—SY plan vir ons lewens of "Laat *U* wil geskied," Dit begin normaalweg met 'n beproewing of gevoelens wat ons oorweldig: ons kan dit eenvoudig nie doen nie of dit langer in die gesig staar nie. Dit is dan wat ons *probeer* om nog net "een plan" te maak of ons erken dat ons weer op 'n plek van oorgawe is.

"Julle moet in My bly en Ek in julle. 'n Loot kan nie uit sy eie vrugte dra as hy nie aan die wingerdstok bly nie; en so julle ook nie as julle nie in My bly nie" (Johannes 15:4).

Die Here het my deur die oorgawe van soveel dinge en mense in my lewe gebring, dat 'n persoon sou dink dat daar nie meer oor kan wees om vir ons Redder te gee nie. Maar ek glo nou (op die ryp ouderdom van 50 jaar) dat ons lyste eindeloos is en dat ek en jy nooit tot by die bodem van die vaatjie sal kom nie.

Byvoorbeeld, nadat ek my veertigs bereik het, met die geboorte van my laaste kind, het ek gevind dat ek 'n gewigsprobleem het. Diëte wat nog altyd in die verlede gewerk het, het nie meer aan die "baba vet" geraak na haar geboorte nie. Om dinge te kompliseer, het my familie 'n geskiedenis van skildklier probleme. Meeste van my broers en susters is op lewenslange medikasie en tog, sukkel hulle met gewig, slaperigheid, koue hande en voete, alles tekens wat vir my geskreeu het na my laaste geboorte, maar dit was die lyf in my spieël wat my aandag getrek het.

God was nie op die punt om toe te laat dat ek die laste dra nie, "My juk is sag en my las is lig" (Matteus 11:30). So, in plaas daarvan, het Hy eenvoudig begin om die laste "op te stapel" totdat daar te veel was vir my om te dra. Eendag het ek na die Here uitgeroep en eenvoudig my gewigsprobleem vir Hom gegee. Van daardie oomblik af (tot vandag toe), het ek myself nog nooit weer geweeg nie, of dop gehou wat ek eet nie, nog minder het ek mediese hulp gesoek vir my skildklier simptome, soos my broers en susters my aangehits het om te doen.

Natuurlik, as die Here my gelei het op hierdie pad om hulp te soek, sou ek gehoorsaam gewees het. Dit is nie verkeerd om hulp te soek by dokters soos Koning Asa gedoen het nie: "*In sy nege en dertigste regeringsjaar het Asa 'n uiters ernstige siekte aan sy voete opgedoen, maar selfs in dié siekte het hy nie die Here geraadpleeg nie, wel die dokters*" (2 Kronieke 16:12). Maar, God wil net hê dat ons eerste na HOM toe gaan en dan sal **Hy** ons lei op die pad na gesondheid, of dit deur dokters is of op 'n ander manier. My eie geloof is dat dit afhang van jou spesifieke reis en waar jy is met betrekking tot jou geloof.

Wat interessant is, ons moeilikste uitdaging is NIE die aanvanklike oorgawe nie, maar die volgende drie tot vier maande wanneer ons in die versoeking kom om "iets" te doen. As dit jou gewig is wat jy oorgegee het, sal jy aanhou dink dat jy "ten minste" *moet* terugsny wat jy eet, of meer water drink, of meer vrugte of groente op jou spyskaart sit. Miskien moet oefening belangrik wees om getrou te doen. Maar as jy eenvoudig elke versoeking weerstaan, sal die Heilige Gees vinnig oorneem. En gedurende die wag, spandeer meer en meer tyd saam met die Here en elke keer wat jy daaraan dink, gee dit oor aan Hom. En doen jouself 'n guns, weerstaan die versoeking om God uit te help—ek was al daar en het dit al gedoen, dit werk nie.

Die resultaat van my gewig oorgawe, was dat ek nooit weer nodig gehad het om 'n dieet te volg nie. God hou my op die gewig wat ek moet wees en Hy hou nie daar op nie. My kinders, veral my dogters, is verheug dat Hy my ook in die huidige klere-neigings hou om Sy glorie te wys, nie my wilskrag nie. Die glorie van dit alles in my lewe is dat ek die tyd kan gebruik wat ek normaalweg sou gebruik het om te dink en te konsentreer op diëte (wat ek behoort te eet, kalorieë of koolhidrate tel, myself te weeg, energieke oefening ens. ens.), om nou meer van die Here te soek en vry te wees om meer tyd te spandeer om aan Hom te dink! Hier is my gunsteling vers wat ek in my kop en hart resiteer het en waaraan ek geklou het:

*"...moet julle **nie** bekommer oor julle lewe, oor wat julle moet eet of drink nie, of oor julle liggaam, oor wat julle moet aantrek nie. Is die lewe nie belangriker as kos en die liggaam as klere nie? Nee, beywer julle allereers vir die koninkryk van God en vir die wil van God, dan sal Hy julle ook al hierdie dinge gee" (Matteus 6:25, 33).*

Toe, net verlede jaar, toe ek ons finansies en al die skuld wat daarmee gepaard gaan in die egskeiding gekry het (soos ek genoem het in baie vorige hoofstukke), was ek onmiddelik oorweldig, so ek het eenvoudig my las vir my Beminde Man gegee. Maar, soos wat Hy begin het om my uit te grawe en die wysheid en die kennis gegee het wat ek gekort het, het ek myself gevang redeneer en beplan—om net so oorweldig en bang te voel as vantevore. Weereens, en weer en weer en weer, moes ek oorgee en erken dat: "Alles het deur Hom tot stand gekom: ja, nie 'n enkele ding wat bestaan, het sonder Hom tot stand gekom nie" (Johannes 1:3)! Die resultaat was dat vrede en vreugde weer gevolg het elke keer wat ek hierdie gebied van my my lewe oorgegee het, en my enigste taak wat oorgebly het, was om te weerstaan om te beplan of om daaroor te dink.

"Vertrou volkome op die Here en moenie op jou eie insigte staatmaak nie. Ken Hom in alles wat jy doen en Hy sal jou die regte pad laat loop" (Spreuke 3:5-6).

Die waarheid is—dink en redeneer sal uiteindelik lei tot kommer en vrees, wat tyd en energie wegneem van jou verhouding met die Here. Hy het keer op keer vir my gesê dat Hy nie 'n vrou of 'n helper nodig het nie—Hy is volkome. Waarna Hy hunker is 'n **bruid** wat nie gestres en verteer is deur probleme nie.

Wat ek van die Here hou, van al die baie dinge, is dat Hy genadiglik en liefdevol te veel laste gegee het—alles op dieselfde tyd oor die laaste jaar, net sodat ek dit alles vir Hom moes gee en 'n volle jaar kon geniet wat voel soos 'n droom-wat-waar-word wittebrood. Baie, wie regtig nie weet of verstaan of vir wie die liefde wat Hy vir ons het onpeilbaar is, redeneer dat wanneer iets verskriklik gebeur, of te veel dinge gelyktydig gebeur, God hulle op een of ander manier straf of nie meer daar vir hulle is nie—veral wanneer dinge hulle begin oorweldig en hulle nie 'n pad uit kan sien nie. Maar dit is so ver van die waarheid af! Die waarheid is dat Hy ons so lief het dat Hy nie wil hê ons moet sukkel of selfs een klein dingetjie dra wat ons sal oorlaai met laste of sorge nie. Hy weet totdat dit eenvoudig te moeilik is vir ons om te dra, ons dit nie by Sy voete sal neerlê nie.

Terwyl ek hierdie hoofstuk voorberei en daaroor nagedink het, het ek besef dat ek oorweldig geword het op so baie gebiede van my lewe dat ek geen idee gehad het dat ek nog steeds besig was om alles bymekaar te hou en alleen maak gebeur het nie. Verstaan asseblief dat op elke gebied van my lewe, ek God om hulp gevra het, maar die oomblik toe my herstelde huwelik ineengestort het, met die aankondiging dat my man 'n egskeiding aanhangig gaan maak, het ek besef dat ek (vir jare) probeer het om dit wat ek nog altyd in my lewe wou gehad het te vervul. Ek wou nog altyd net eenvoudig 'n goeie vrou wees, 'n bly-by-die-huis ma wat haar kinders tuisonderrig gegee het en om eenvoudig 'n bewaarder van ons huis te wees. Die eerlike waarheid is dat ek so gelukkig en tevrede by die huis was, dat wanneer ek nie die huis verlaat het vir meer as 'n week nie, ek op my gelukkigste was.

Toe het my lewe eendag in 'n kits verander. Ek het regtig geen ander keuse gehad as om die Here geheel en al te soek en my toekoms oor te gee vir Syne nie. In 'n kits, was ek besig om te reis, wat ek angsbevange was om te doen omdat ek nie daarvan gehou het om nuwe mense te ontmoet of vreemde omgewings nie. In 'n kits was ek die broodwinner en voorsiener van my baie groot gesin en in 'n kits, het ek die pastoor en administrateur geword van 'n megakerk en wêreldwye televisie ministerie. Maar deur op te kyk, na die gesig van my Beminde, was ek in staat om "dit alles te doen" en om dit maklik te doen, net omdat ek dit totaal aan Hom oorgegee het. In plaas daarvan dat ek moes probeer, was dit Sy krag, Sy wysheid, aangedryf deur Sy liefde wat alles volbring het.

Dit is nou nege maande sedert dit alles gebeur het en ek was gevra om nog 'n gebied van my lewe te trotseer wat my na aan die hart lê: tuisonderrig—wat om te doen oor my jongste kinders se opvoeding. As gevolg van al my reise, wat nie 'n opsie is nie (as ek in my man se vorige en my huidige posisie by die kerk bly), gepaard met die geleenthede wat oopgemaak het vir my ouer kinders sodat hulle my nou nie meer by die huis kan help nie, werk my jonger kinders dikwels alleen aan hulle skoolwerk. Dit het sy voordele, maar sonder om op te volg en ten minste 'n bietjie leiding te gee, kan ek sien dat hulle nie die opvoeding kry wat hulle verdien nie. Dit het weke gelede duidelik geword dat ek hierdie gebied van my lewe aan Hom moet oorgee, maar nie voor die vyand in my oor begin skree het nie, "wat mense sou dink as ek my kinders in 'n publieke skool plaas!" Toe het hy my herinner aan die "skande waardeur ek gegaan het toe almal van die egskeiding uitgevind het. Sekerlik het dit bewys dat my kinders op pad was na 'n publieke skool" het die vyand volgehou.

Die waarheid is, God sê niks van die aard nie. Hy wil my eenvoudig vry maak en het my gevra om nog 'n gebied van my lewe oor te gee—Hy het my herinner hoe hard ek *probeer* het om die perfekte vrou te wees, net om my huwelik te sien eindig. Dieselfde mense wat, soos Job se vriende, gedink het of my vertel het dat ek moes gefaal het om *'n Wyse Vrou* se beginsels te volg, sal sekerlik fees vier as hulle uitvind dat my kinders begin het om na 'n publieke skool toe te gaan.

Nietemin, dit was daar, daardie stil, klein stemmetjie wat my herinner het aan hoe Hy my deur daardie baie moeilike en verpletterende tydperk van my onlangse egskeiding gebring het en hoeveel VREUGDE ek gehad het, suiwer vreugde wat ek nooit gedroom het moontlik kon wees nie. Hy het my herinner dat hierdie vreugde gekom het omdat ek na my vrees toe beweeg het eerder as om terug te trek en dat my reputasie weer in Sy hande was.

As ek terugkyk na toe ek net begin reis het, wou ek so graag terug trek en wegkruip; maar in plaas daarvan, het ek in die rigting van my vrees beweeg en dit is toe die kettings wat my vasgemaak het, begin het om af te val. Hulle het nie almal gelyk afgeval nie, maar soos ek oorgegee het, eerder as om te probeer oorkom, een vir een, het hulle afgeval. Die Bybel sê ons is oorwinnaars, maar dit is nie omdat ons die vermoëns in onsself het om te oorkom nie. Dit is die Here wat ons oorwinnaars maak as ons ons vertroue in Hom stel.

*"Want enigeen wat 'n kind van God is, kan die sondige wêreld **oorwin**. En die oorwinning wat ons oor die wêreld behaal het, is deur ons geloof." (1 Johannes 5:4).*

Finansies, het ook gekom om my te oorweldig en vrees te veroorsaak. Maar soos wat ek in die rigting van die vrees beweeg het en gekies het om te GEE wanneer Hy die geleentheid voorsien het, het die Here getrou begin om oor te neem, ek weet dat ek binnekort op 'n bonatuurlike wyse uit die skuld sal wees.

Vandag is ek (uiteindelik) op 'n plek in my lewe wat ek oortuig is (deur die bewys van Sy liefde in my lewe) dat alles wat Hy my roep om te doen of deur te gaan, sal uiteindelik lei tot vryheid en seëninge! Al wat ek nodig het om te doen is om vir Hom te wag om Homself te wys.

Tog, laat my heeltemal deursigtig wees. Nie 'n dag gaan verby wat ek nie dink ek moet een of ander soort plan maak om my kinders nou 'n beter opvoeding te gee nie of wonder hoe ek kan help begroot, bereken of grafieke op trek om uit die finansiële verknorsing te kom waarin ek is nie. Maar prys God, ek weerstaan sodat ek plek vir God kan los om Sy glorie te wys. Ek moet net stil wees (in gedagtes, liggaam en gees) en weet dat Hy God is.

Liewe leser, maak nie saak watter gebied van jou lewe jy nou mee sukkel nie, in plaas van vashou, gee dit oor aan die Here. Moenie jou krag gebruik, of enige ander natuurlike vermoëns, om dit te hanteer of reg te maak nie (en om hemels naam, moenie hulp van buite soek nie). In plaas daarvan, besef hoe waar hierdie paragraaf is en oordink dit.

"Ek is die ware wingerdstok en my Vader is die boer. Elke loot aan My wat nie vrugte dra nie, sny Hy af; maar elkeen wat vrugte dra, snoei Hy reg, sodat dit nog meer vrugte kan dra. Julle is alreeds reg gesnoei deur die woorde wat Ek vir julle gesê het. Julle moet in My bly en Ek in julle. 'n Loot kan nie uit sy eie vrugte dra as hy nie aan die wingerdstok bly nie; en so julle ook nie as julle nie in My bly nie. Ek is die wingerdstok, julle die lote. Wie in My bly en Ek in hom, dra baie vrugte, want sonder My kan julle niks doen nie" (Johannes 15: 1-5).

Gee wat ook al jou oorweldig, oor aan die Here, vandag, hierdie minuut, sodat Hy jou meer van die oorvloedige lewe kan gee wat jy ooit kon droom bestaan.

—— Hoofstuk 11 ——

"Je t'aime Maman"

Niks verskaf my **groter vreugde** nie
as om te hoor dat my kinders in die waarheid lewe.
—3 Johannes 1:4

In die laaste hoofstuk "Oorgawe," het ek geëindig deur so baie nuwe gebiede van my lewe oor te gee aan die Here. En wat my diep bekommer het (voordat ek dit aan die Here oorgegee het) was my jonger kinders se opvoeding.

Soos met al die gebiede wat ek oorgegee het aan Sy voltooide werk, is daar altyd 'n wag periode wat vereis word voordat Hy begin om te beweeg. Dit is 'n tyd van toets en rus—en vertroue. Terwyl ons wag sal die vyand (of eenvoudig ons vlees) ons in die versoeking lei om "iets" te doen! As ons op die Here vertrou vir ons gewigsverlies, sal ons in die versoeking kom om "ten minste" meer water te drink, ophou lekkers eet, of kleiner porsies te eet. Maar ons moet die versoeking weerstaan en seker maak ons vertel die Here dat ons hulpeloos en hopeloos is sonder Hom wat na ons omsien op hierdie gebied van ons lewens.

Dit was dieselfde terwyl ek vir die Here gewag het om op die gebied van skool vir my kinders te beweeg. Ek was gewillig om hulle skool toe te stuur: privaat of selfs publieke (iets waarteen ek heftig gepraat het). Tog, oorgawe beteken om ons wil op te gee vir Sy wil, wat beteken die vyand sal doen wat hy kan om in die pad te kom van wat die Here vir ons beplan het. So toe ek ten volle oorgegee het, het die vyand my probeer oorreed met gedagtes (onthou ons stryd word dikwels gewen of verloor in ons gedagtes) dat die Here, op wie ek vertrou het, my deur 'n skandalige egskeiding laat gaan het en so— om my kinders na 'n publieke skool toe te stuur was sekerlik volgende op Sy lys.

Nietemin, soos wat ek Hom geloof het vir selfs daardie moontlikheid, ook wetende, dat alhoewel my egskeiding skandelik en hoë profiel was, het my egskeiding onmeetbare seëninge gebring bo wat enigiemand kon hoop of dink moontlik kan wees! Dit was toe dat die Here met my gepraat het dat net soos wat Hy my jongste suster geseën het (wie ietwat "intellektueel en emosioneel uitgedaag" is om nader te trek, sodat ek kon help met haar sorg net 'n paar maande vroeër) op dieselfde manier, het Hy my verseker dat Hy my kinders sou seën met iets wonderlik, iets waaraan ek nooit gedink het nie! So ek het dit met my jonger kinders gedeel en hulle was verlig en vol geloof en het saam my geglo soos wat ons gewag het.

Dit was net drie dae voor ek vertrek het op 'n Europese toer (ek moes my kinders vir drie weke los sonder enige idee hoe hulle hulle skoolwerk gaan doen terwyl ek weg was), wat die Here begin beweeg het!! My suster, wie ek gesê het is uitgedaag, het baie ongelooflike talente. En so sou ek weet dat dit Sy plan was, toe ek vir my suster vertel het dat ek op pad was Parys toe (as een van my bestemmings), het sy in klein frases Frans met my begin praat. 'n Paar dae later het dit my bygeval en ek het haar gevra of sy die kinders sou oplei in "n klein bietjie Frans." Toe het die Here my herinner dat sy ook vir 'n paar jaar saam met 'n familie van Mexiko gebly het en dat sy gesprek Spaans regtig goed kon praat. Ek het gevra of sy hulle ook Spaans kan leer wanneer sy uit goed gehardloop het wat sy in Frans geken het.

My suster was so opgewonde en het geantwoord dat sy daarvan sal hou om hulle te leer, maar dat haar regte liefde spelling was! Dit is toe wat ek onthou het dat sy 'n ongelooflike talent het vir spelling!

So, toe huur ek haar om hulle op te lei in al drie vakke! Hierdie openbaring het my gelei om Sy leiding te volg en my broerskind (wat by ons kom bly het vir 'n jaar)te vra, wie uitstekend in wiskunde was, om die kinders op te lei wanneer sy by die huis kom van die skool af. My broerskind was so geëer en sy het onmiddellik ingestem en sy het haar niggies en nefies vertel hoe belangrik dit haar laat voel het. Dit het my gelei om my oudste seun te vra (wie 'n uitstekende skrywer is) om die kinders op te lei in hulle geskrewe verslae (wetenskap, geskiedenis en aardrykskunde). Laastens het ek my behoeftige seun gevra om die kinders te help met hulle lees en te help om hulle vaardighede as 'n redenaar (lees en hardop praat) te slyp aangesien hy onbevoeg in hierdie onderwerpe voel. So deur ander op te lei sou dit hom ook help terwyl hy sy jonger broers en susters help! Binne net een dag (en net drie dae voor ek vertrek het), het die Here (nie ek nie) dit alles bymekaar gebring!!

Die resultate was ongelooflik. Die eerste keer wat ek in staat was om met my kinders te praat terwyl ek in Europa was, was in my hotel kamer in Belfast, Ierland, terwyl ons totsiens gesê het, het my seun nader aan die kamera gekom en gefluister "Je t'aime Maman, Je t'aime" (uitgespreek ZA *tem* mama). Dit beteken, ek is lief vir jou mamma, ek is lief vir jou"! Dames, al wat ek kon doen was huil! Hoe kosbaar is ons liewe, dierbare Man—my goeiste, ons kan eenvoudig nooit regtig Sy omgee vir ons peil nie! O die hoogtes en dieptes van Sy liefde!!!

Laat Gaan

Met hierdie getuienis nou gedeel, laat ek met jou praat, liewe leser, oor jou mislukking om van jou huweliksherstel te laat gaan, of om 'n man te vind (vir die wat nog nie getroud is nie), of van 'n goeie huwelik (vir die van julle wat nog steeds getroud is maar ellendig is). Erin deel dikwels van hoe sy hunker om in staat te wees om elkeen van julle meer te help, so ek wil haar graag help aangesien sy my so baie gehelp het.

As ek oortuig was dat God my sekerlik sou toegelaat het om voort te gaan om my kinders te tuisskool, en as ek vasgeklou het (nie laat gaan het) van die regte moontlikheid om my kinders na n publieke skool toe te stuur, dan sou ek nooit die kamer verlaat het nie, nog minder sou my hart reg gewees het om op God te vertrou. Daarom, sou Hy nooit in staat gewees het om op hierdie gebied van my lewe te werk nie. So, ook, is jy wat weier om te laat gaan van die "belofte" wat die Here jou gegee het aangaande jou huwelik (huidig, verlede, of toekomstig).

Die Here het ook vir my daardie beloftes gegee. Nietemin, soos wat my intimiteit met Hom gegroei het, het my begeerte vir Hom alleen ook gegroei. En op daardie punt, het niks anders saak gemaak nie, en al die beloftes wat Hy my gegee het, het ek vir Hom teruggegee. Wat Hy my gegee het, as 'n vervanging, was die Oorvloedige Lewe wat ek nou leef. Die wyse waarop ek nou lewe is wat ek ontwerp was om te doen. Dit is niks wat ek dalk wou gehad het of beplan het nie, maar soos ons almal weet, Sy optrede en Sy gedagtes is verhewe bo ons gedagtes en planne!!!

"n Mens beplan sy pad, maar die Here bepaal hoe hy loop" (Spreuke 16:9).

"Ek weet wat Ek vir julle beplan, sê die Here: voorspoed en nie teenspoed nie; Ek wil vir julle 'n toekoms gee, 'n verwagting!" (Jeremia 29:11).

"Dit is God se Woord oor die onderwerp: 'Ek sal julle na julle land toe laat terugkom. Ek weet wat ek vir julle in gedagte het. Ek beplan dat goeie dinge met julle sal gebeur en nie slegte goed nie. Ek wil hê dat julle hoop vir die toekoms moet hê" (Jeremia 29:11 Die Boodskap).

"My gedagtes is nie julle gedagtes nie, en julle optrede nie soos Myne nie,' sê die Here; 'soos die hemel hoër is as die aarde, so is my optrede verhewe bo julle optrede en my gedagtes bo julle gedagtes" (Jesaja 55:8-9).

Het ek byvoorbeeld vasgeklou aan my huweliksherstel "belofte" (Hei, Here, jy het belowe!!), sou ek nie net hierdie lewe gehad het nie, maar ek sou ook aangehou het om pyn, na pyn, na pyn te ervaar! Erin hou aan om hierdie soort pyn in die lofverslae te sien en ek het ver te veel pyn in ander dinge gelees wat deur sommige van die RMI leiers geskryf is—pyn wat as normaal aanvaar word wanneer dit eenvoudig nie Sy plan is nie! En ek het met Erin daaroor gepraat omdat dit haar ook bedroef maak.

Sodra al die hartsbande verbreek is (vir elke behoefte op hierdie aarde: fisies, materialisties en emosioneel), en die belofte op die altaar geplaas is (ieder en elke belofte), is dit die oomblik wat jy sal begin om "geen trane en geen droefheid" te ervaar. Laat ek jou 'n voorbeeld gee.

Toe ek gehoor het my voormalige man het 'n troudatum vasgestel, het dit nie seer gemaak nie, nie eers 'n klein bietjie nie. In plaas daarvan, was ek eerlikwaar verheug om te weet dat my toekoms met my kosbare Man nog meer verseker was as ooit! Toe ek gehoor het dat al my kinders uiteindelik op 'n plek gekom het waar hulle nie net hulle vader se troue sou *bywoon* nie, maar hulle sou eintlik *in sy troue met die AV wees*, was dit ook 'n tyd om te juig omdat ek kon sien dat hulle my leiding gevolg het om op God te vertrou op gebiede wat meeste kinders (en volwassenes) onmoontlik vind. "Niks verskaf my **groter vreugde** nie as om te hoor dat my kinders in die waarheid lewe nie" (3 Johannes 1:4)

Liewe leser, oorgee beteken vryheid van bekommernis, pyn, verwarring en eensaamheid. Dit is 'n plek van *rus* terwyl jy kyk hoe wonderwerke reg voor jou oë gebeur. Dit stel jou vry sodat jy meer tyd en groter intimiteit met die Here kan spandeer, dit is wat Hy van ons wil hê! Hy hunker om tyd met ons te spandeer, nie om ons behoeftes en moeilikheid te bespreek nie, niks meer as die soort gesprek wat intimiteit in 'n huwelik sou kweek tussen 'n man en 'n vrou nie.

Sonder om werklik oor te gee, sal jy nooit ware vreugde ervaar en die vryheid wat die Here gesterf het om aan jou te gee nie! Wat 'n tragedie!! *Dit is net so hart verskeurend as dié wat nooit Sy dood aanvaar om hulle vry te maak van hel en verdoemenis nie.* Maar dit mag dalk meer hartverskeurend wees vir ons kosbare Redder wie op gebuigde knieë is en jou vra om Sy bruid te wees. Hoe Hy hunker na elkeen van julle harte, maar jou hart (jou gedagtes, waarvan jy praat, waarvan jy droom, en waarvan jy skryf) is alles oor jou aardse man of kêrel. Kan jy regtig hierdie twee vergelyk? Is iemand wat jy kan sien so nodig wanneer daar Een is wat nie gesien kan word nie, Wie al jou drome wat jy ooit gehad het, kan laat waar word en oortref— en meer wat so ver bo is dat jy nog nooit eens van hulle gedroom het nie.

"Van ouds af het niemand so iets gehoor nie, het niemand so iets verneem nie, het geen oog 'n god gesien wat vir dié wat op Hom vertrou, doen wat U doen nie" (Jesaja 64:4).

"God is so magtig en sterk. Juis met daardie krag werk Hy ook in ons. Hy kan en het dinge vir ons gedoen waarvan ons nie eens kon droom nie!" (Efesiërs 3:20).

Net twee aande gelede het ek met die Here gepraat en gevra of ek moet voortgaan om te help met RMI soos wat ek gedoen het nadat ek die lofverslae gelees het en die kolomme wat ingedien was, maar nog nie op die webwerf geplaas was nie. Dit was duidelik dat meeste van die RMI lede nog steeds hul huwelik bo alles herstel wil hê (en die jong vrouens wil 'n aardse man hê, nie 'n Hemelse Man nie). Dit het gelyk asof hierdie onderwerp in elke kolom en lofverslag op my skree. En indien so, wie is ek om te help in leierskap wanneer ek regtig nie herstel vir myself wil hê nie? Ja, dit is 'n ware verklaring. Ek is ten volle herstel aan my Man nadat ek 'n leeftyd vir Hom gewag het, en nou sien ek Hy is meer as wat ek myself kon verbeel 'n Man moet wees! So hoekom sou ek tevrede wou wees met minder?

So elke keer wat ek interaksie het met 'n RMI lid, wat opgewondenheid in haar stem uitstraal en dromerigheid in haar geglasuurde oë, en sy vra my of ek glo dat my huwelik weer herstel sal word, word my hart deurboor. Wat ek wil vra is, as God ons die begeertes van ons harte gee en jou hart is vir God om *my* huwelik te herstel, wat van my hart en my begeertes? My hart is vir my Hemelse Man, my Beminde! "So wie is ek Here," vra ek, "om te bly en Erin te help en 'n leier te wees oor hierdie liggaam van gelowiges (wie hulle huwelike herstel wil hê of 'n Christelike Man verower)?"

Dit is toe dat die Here my herinner het aan hierdie vers wat ek amper elke dag vir tien jaar gelees het. Dit was net 'n paar maande gelede wat ek uiteindelik verstaan het wat dit beteken:

"As wat jy sê, **waarde** sal hê en nie **onsin** sal wees nie, sal *jy* weer namens my kan praat..." (Jeremia 15:19).

"Die waarde," waarna hierdie vers verwys, liewe een, is die Here— dit beteken dat alles anders waardeloos is! Dit beteken jou huweliksherstel (of om 'n Christelike man te vind), geld, reputasie, kinders, posisie, loopbaan, ens. Alles behalwe Hy is waardeloos.

Dit beteken vir diegene van julle wat kwaad is vir my of teleurgesteld is in my, of my selfs oordeel omdat ek as 'n leier tekort skiet en ongekwalifiseer is om Erin te help, onthou wat Jesus vir ons gesê het, "Hy wat sy vader of moeder liewer het as vir My, is nie werd om aan My te behoort nie; hy wat sy seun of dogter liewer het as vir My, is nie werd om aan My te behoort nie" (Matteus 10:37).

Die Here het vir my gesê toe ek ook dieselfde "passie" en "obsessie" vir huweliksherstel gedeel het soos wat ek in die RMI bediening sien, was dit toe dat ek nie namens Hom kon praat nie. Maar nou nadat ek uiteindelik die lig gesien het, net soos Erin dit ook gesien het, wetende net Wie Hy regtig is en wat Hy in my lewe wil wees (en joune), kon ek uiteindelik namens Hom praat en dit is toe wat ek rondom die wêreld begin reis het!

Ja, dit is moeilike woorde vir baie mense om te aanvaar, so ek is voorbereid om te sien hoe baie wegloop van RMI, Erin oordeel en my vermy. "Jesus het na hom gekyk en hom liefgekry en vir hom gesê: 'Net een ding kom jy kort. Gaan verkoop alles wat jy het, en gee die geld vir armes, en jy sal 'n **skat in die hemel hê**. Kom dan terug en volg My.' Hy het egter geskrik toe hy dit hoor en het **bedruk weg gegaan**, want hy het baie besittings gehad" (Markus 10:21-22).

Beter as die rykdom van hierdie wêreld,
Beter as die klank van my vriende se stemme,
Beter as die grootste drome van my hart,
En dit is net die begin!

Beter as om te kry wat ek sê ek nodig het,
Beter as om die lewe te leef wat ek wil,
Beter as die liefde wat enigeen kan gee—
is Jou liefde!

Jy hou my in jou arms en laat my nooit gaan nie...

Ek kan nie ophou om op Jou verlief te raak nie!
Ek sal nooit ophou om verlief op jou te raak nie!!!

Ek kan nie ophou om op Jou verlief te raak nie!
Ek sal nooit ophou om verlief op jou te raak nie!!!

——— Hoofstuk 12 ———

Jou Beste Beskerming

HERE, u **goedheid beskerm** [my] soos 'n skild
—Psalm 5:12

Dit lyk asof ek ten minste een keer per dag probeer om veiligheid te vind: om myself te beskerm, emosioneel, fisies, finansieel of op enige ander manier.

Om beskerming te probeer vind, spoel ook oor om my kinders te wil beskerm. Watter moeder probeer nie om haar kinders te beskerm nie? Tog het ek gevind, wanneer in 'n hoek vasgekeer, is *my* beskerming (vir myself en ook vir my kinders) basies glad geen beskerming nie.

As jy in 'n situasie gelewe het waar jy misbruik was, weet jy hoe jou lewe deurspek is met planne om veiligheid en beskerming te vind. Of daardie misbruik verbaal, emosioneel, fisies of seksueel is, jy probeer die een na die ander manier om wat ook al of wie ook al teen jou kom, te stop (en/of jou kinders).

Dit was nie totdat iemand my regtig gekonfronteer het oor my oortuigings oor misbruik, en die misbruik van die ergste soort vir 'n moeder (wanneer 'n vader sy eie kind misbruik), wat ek gehoor het wat die Here *deur* my gepraat het toe die lig van wysheid aangeskakel was nie! Ek het gesê: "'n Moeder kan nie haar eie kind beskerm nie; nie wanneer dit haar eie man is nie (of op enige ander gebied van 'n kind se lewe) aangesien sy nie altyd saam hulle kan wees nie—net God kan hulle beskerm! Wanneer ons die posisie van beskerming van God af wegneem, dan is dit wanneer ons die kind oopmaak vir aanvalle wat die Here sou kon voorkom as ons dit vir Hom gegee het."

Hierdie openbaring wat die Here vir my gegee het, het my laat stilstaan om terug te kyk na my eie lewe, waar ek baie duidelik kon sien dat toe ek uiteindelik my eie beskerming opgegee het, die Here oorgeneem het en ek het die veiligheid en geborgenheid gevind wat my ontbreek het!

Om te hersien wat Hy gedoen het, het my vlak van vertroue vermeerder tot op die punt wat ek in staat was om dit 'n paar jaar later met my kinders te gebruik. Die eerste keer was toe my man vir my kinders gesê het dat hy van my gaan skei en toe later toe hy hulle aan die ander vrou voorgestel het vir wie hy my gelos het: Daar is niks wat ek of jy kan doen om hierdie soort blootstelling te keer nie, wat ons, as ons die keuse gehad het, nie sou toelaat dat ons kinders deurgaan nie. Eerlikwaar, as jy in my posisie is en jy het die skei papiere wat sê dat jou man hierdie regte het volgens wet, moet jy onthou dat selfs sonder 'n geskrewe dokument, het God ons kinders aan albei ouers gegee (aan jou *en* hulle vader). So wat gebeur as dinge in n rigting gaan waarvoor ons nie beplan het nie, en vrees begin intree?

Baie vrouens vandag hardloop weg: somtyds "ter wille van die kinders" en somtyds vir hulle eie veiligheid. Maar, eerlikwaar, wie van ons wil 'n voortvlugtige wees, om weg te hardloop van hulle huis, vriende en familie, om aanhoudend aan die hardloop te wees en in vrees om gevind te word deur die een van wie ons weghardloop? Vroue hardloop omdat hulle voel dat dit hulle enigste keuse is, maar is dit? Kan God regtig vertrou word om ons te beskerm as ons ons vertroue in Hom plaas? En, somtyds is 'n moeiliker vraag: Kan God regtig ons vriendin of suster of my kind beskerm—iemand anders vir wie ons lief is wanneer ons ons vertroue in Hom alleenlik plaas?

Ons weet uit die skrif dat Dawid 'n slegte gewoonte gehad het om te hardloop. Alhoewel hy gesien het hoe die Here hom gehelp het om Goliat dood te maak, het hy van Koning Saul af weggehardloop en toe jare later van sy eie seun af. Meeste van ons was al daar. Ons hardloop, en tog is daar ander wie verkies om te staan en baklei. Persoonlik, glo ek dat nie een van die opsies ons as vrouens beskerm nie. Vrouens hunker daarna en moet beskerm word. So weereens, kan ons regtig op God vertrou om ons te beskerm?

Baie van ons het Hom met ons ewige bestemming vertrou, toe ons Hom as ons Redder aanvaar het, maar kan Hy ons regtig nou red van wat teen ons kom, of teen diegene vir wie ons lief is en wat ons wil beskerm? Die antwoord is Ja, absoluut, Ja. Al wat dit vat is om in ons geloof te loop, ons geloof IN HOM, om te sien hoe die beskerming materialiseer.

Beskerming, deur geloof, is net soos enige ander vertroue: dit vereis dat ons dit heeltemal in God se hande moet laat. Wanneer ons op die Here vertrou vir redding, is *Hy* die een wat dit doen, nie ons nie "niemand het enige rede om op homself trots te wees nie"—ons aanvaar dit net. Dit is niks wat ons doen nie—ons aanvaar net Sy gratis geskenk en glo dat Hy dit gedoen het. Ons loop eenvoudig daarin en vertrou dat ons gered is.

Wanneer ons op God vertrou vir ons finansies, is Hy die Een wat "in al ons behoeftes voorsien volgens sy wonderbaarlike rykdom in Christus Jesus." As ons dwaaslik probeer om Hom te help, vind ons dat ons finansies gou *nie* genoeg is om die rekeninge te betaal nie. Dit verg vertroue. Kan Hy vertrou word?

Ek dink om daardie vraag te beantwoord op 'n nuwe gebied van ons lewens, dit help om terug te kyk hoe Hy ons op ander gebiede van ons lewens beskerm het. As ons tyd maak om ons seëninge te tel, en die vele maniere hoe Hy ons beskerm het in die verlede, hulle een vir een tel en opnoem, help dit om ons geloof te bou. Dit is wat ek gedoen het, tesame met die terugkyk op die tye wat ek dit self probeer doen het, en klaaglik misluk het.

Kom ons begin met finansies aangesien dit 'n groot area is vir baie van julle wat 'n enkelma is. Toe ek die dilemma in die gesig moes staar, met so baie kinders wat in die huis bly en geen onderhoud vir die kinders nie, het God eerste die oormag teen my opgestapel deur my broerskind te bring om by ons te kom bly, toe my ouer suster. Jy weet, ons moet nooit verras of geskok of verslae wees wanneer dinge opgestapel word nie, aangesien dit 'n patroon met God is. Dit is Sy manier hoe Hy vir ons Sy ontsagwekkende krag wys!!

Dit is dan wanneer Hy sal intree en begin om die onmoontlike te doen. Maar dit moet eers onmoontlik lyk. Deur die tye te tel en te noem wat Hy my beskerm het: Toe my finansies aaklig aangeval was, het ek nie my huis verloor nie, nog minder het my familie se lewenstandaard gedaal—dit het inteendeel verbeter!! Dit was nie totdat ek regtig begin het om 'n greep op ons finansies te kry nie en begin het om dinge te probeer beheer, wat ek begin het om te vrees en het ons finansies stadig begin verminder. Dit het verbeter toe ek die besluit gemaak het om nie te kyk of te probeer om dit uit te pluis nie (wat moeilik was om te doen) wat ek ontdek het dat my bank rekening weer vol was en oorgeloop het. Kan God ons finansieel beskerm wanneer ons op Hom vertrou (en gehoorsaam)? Die antwoord, as jy dit heeltemal vir Hom gee is, "Ja."

Gehoorsaam

Jy weet dat gehoorsaamheid ook 'n groot deel van ons beskerming is. So dikwels, "omdat ons nie aan Hom toegewys is nie." As ons 'n Bybelse beginsel oor en oor verbreek (wat 'n geestelike wet is; soos die wet van die swaartekrag), glo ons verkeerdelik dat God ons *nie* beskerm nie, terwyl dit eintlik ons is wat onsself op daardie gevaarlike plek geplaas het.

Byvoorbeeld, aangesien ons finansies bespreek het, wanneer ons onkundig is oor die bevel dat ons 'n tiende moet gee en as ons dit nie doen nie steel ons van God, vind ons onsself gou in 'n finansiële gemors. Vir dié van ons wat die seëninge en beloftes van tiendes geleer het, en as ons gehoorsaam was (maak nie saak of dit gelyk het asof ons dit nie kon bekostig nie), en ons het eenvoudig op God vertrou—het ons Hom getrou gevind en vol guns soos wat Hy ons omring met die begeertes van ons harte, en nie net in ons behoeftes voorsien nie!! Ek het persoonlik gevind (soos wat so baie ander my vertel het) dat hoe meer ek op God vertrou en gee (nie uit oorvloed nie, maar baie dikwels wanneer dit lyk asof daar nie genoeg is nie), dat die vensters van die hemel oopmaak en 'n stortreën van seëninge word oor my uitgestort!

Maak nie saak hoeveel ek op God vertrou het vir my finansies nie, daardie vertroue sou nie in oorvloed geëindig het as ek nie eers geweet het dat ek gesê was om my tiende te gee en te skenk nie (selfs op papier sou ek nie genoeg gehad het nie), en dan om die stap van geloof te neem en dit te doen. Maak nie saak hoeveel jy glo dat die Here in staat is om jou te red nie, dit is eers wanneer jy jou lewe aan Hom oorgee en op Hom vertrou, dat jy in 'n nuwe skepping omskep word. Dit is dieselfde manier met jou beskerming.

Ek het uiteindelik op 'n plek gekom waar ek geweet het dat ek dit nie kon doen nie: myself of my kinders beskerm nie. Ek glo dat wanneer ons op die Here vertrou (vir ons kinders of vir onsself) dat Hy ons nie altyd sal "verlos" van die beproewing of krisis nie. God belowe nie om die bose te *verwyder* wat teen ons kom nie, maar Hy belowe om dit ten goede te gebruik soos wat ons *daardeur* loop.

Meeste van die tyd, roep hy ons om *deur* die vuur te gaan, om die nag *in* die leeukuil te spandeer en om *deur* die Rooi See te loop. Alhoewel ons mag kies om hierdie situasies te vermy, is dit hierdie situasies wat ons uiteindelik in nuwe wesens omskep om vir ander te wys hoe anders ons is en hoe ons verander het. Om deur 'n egskeiding te gaan (die tweede of derde keer vir my ouer kinders), is wat my kinders anders gemaak het as die res van die skare. Dit is wat aan hulle, my kinders, die ooglopende goddelike karakter gegee het (hoe hulle diep-binne is, agter toe deure en hoe hulle reageer wanneer hulle vasgekeer word). Hierdie goddelike karakter is wat ek wil hê vir my kinders; daarom, laat ek gaan en gee my beheer oor hul situasies oor en plaas AL my vertroue op die enigste Een wie vertrou kan word—my Beminde!

Hoe kan ek dwaaslik glo dat ek my kinders beter sal kan beskerm as wat ek weet die Here kan?

Net onlangs, het ek genoodsaak gevoel om my suster met spesiale behoeftes te beskerm, wie deur die direkteur van haar bystand woonstel gedreig is om haar in 'n Psigiatriese Hospitaal te sit. Dit was reg in die middel van een van ons vroue konferensies en ek het net nie tyd gehad vir daardie beproewing nie! So, terwyl ek na die lughawe toe gery het, het ek met die Here daaroor gepraat, *nadat* ek onsuksesvol probeer het om self my suster te beskerm. Dit is toe dat my Beminde my herinner het hoe, wanneer die geleentheid gegee is (omdat ek my beskerming aan Hom oorgegee het, in plaas daarvan om myself te beskerm), HY my beskerm het en dat Hy dieselfde ding vir my suster sou doen. Ek het my geloof uitgeloop en nie haar reputasie probeer beskerm nie, ek het haar ook nie teen die ondersoek wat haar in die Psigiatriese Hospitaal kon (as God nie in beheer was nie) laat opeindig, probeer beskerm nie.

As ek nie op God kan vertrou nie, op wie kan ek vertrou? Al wat ek met sekerheid weet, is dat Hy getrou is en, wat selfs beter mag wees, is die vrede wat kom deur te laat gaan en dit aan Hom oor te gee. Hoe kan ons ernstig kies om ons eerder te bekommer en/of aan iets te werk, as ons weet dat ons nie kan bereik nie, wanneer ons dit eenvoudig aan Hom kan gee eerder as om te kies om te self te doen?

Baie hou daarvan om vir my te vertel van 'n situasie wat tragedie tot gevolg gehad het wanneer 'n persoon "kwansuis" op God vertrou het. Toe ek hulle egter ondervra het, het hulle gou erken dat die persoon na wie hulle verwys het, gou beheer teruggevat het en hulself probeer beskerm het—doen ons almal dit nie? Ek dink daarom is dit gewoonlik iemand anders se situasie wat veroorsaak dat ons nie veilig voel om God te vertrou nie en dit veroorsaak gewoonlik verwarring. Niemand weet wat regtig aangaan in 'n ander persoon se lewe nie, selfs as daardie persoon 'n familielid is van ons eie kinders.

Moenie die fout maak om te kyk na wat jy *dink* jy in iemand anders se lewe gesien het of wat jy *gehoor* het nie. Niemand anders as God ken hulle hartstoestand en die hele situasie nie. Dié wat hulle geloofsbesluit maak gebaseer op 'n tweede hande getuienis, loop die gevaar om 'n groot fout te maak, wat tot verpaste seëninge lei en om kwesbaar te wees vir onnodige swaarkry.

Toe ek opgegee het om my reputasie te probeer beskerm, het my reputasie 'n sprong van aansien geneem eerder as wat moes gebeur, die situasie in ag geneem. Toe ek opgegee het om my emosies te probeer beskerm, het ek die liefde van die Here gevoel wat my hart omring het alhoewel so baie dinge teen my gekom het: egskeiding, 'n ander vrou en my kinders wat aan my eggenoot se troue deelgeneem het. In die regte wêreld sou dit 'n vrou en moeder soos ek verpletter het. Nietemin, omdat ek op die Here vertrou het (en net omdat ek op Hom vertrou het om my hart te beskerm), floreer ek en het nog nooit so geliefd gevoel nie!

Die Here werk al 'n hele paar jaar aan hierdie area van my lewe. Dit was moontlik meer as twee jaar gelede toe my lewe 'n draai gemaak het, want ek het uiteindelik geweier om myself te beskerm teen alle soort mishandeling wat gebeur wanneer 'n man nie gelukkig is nie. 'n Ongelukkige man glo dikwels dit is sy vrou se skuld en haal dit op haar uit. (Dieselfde is waar vir 'n ongelukkige vrou wie haar man blameer). Baie vrouens met goeie en rein harte probeer desperaat om hulle mans te behaag, maar die probleem is dikwels nie in hulle om reg te maak nie.

Om myself te verander (deur die beginsels te volg met 'n rein hart) en myself te beskerm (maak nie saak watter metode ek probeer het nie), het nooit gewerk nie. Eers toe ek moed opgegee het en dit aan God gegee het, het Hy toestemming gekry om my te beskerm en toe het Hy my uitgelewer. Ek weet egter dat as ek sou hardloop of aanhou om self te probeer, sou ek nog steeds bang gewees het en vergeefs vir veiligheid en sekuriteit gesoek het. Die seën om *deur* daardie beproewing te lewe is dat ek nou weet dat God 'n God is wat beskerm—so ek kan Hom vertrou met my kinders. Halleluja!!

Liewe leser, maak nie saak hoe GROOT jou beproewing is nie, of oortreder, of vyandelike aanval, God is GROTER. Hy is nie verbyster of bang of bekommerd oor daardie ding of persoon wat agter jou aan is nie. Hy is in staat om die goeie daaruit te skep en in elke situasie solank as wat jy alles aan Hom oorgee en op Hom vertrou vir jou beskerming (vir jouself en jou geliefdes).

Elke vuur verfyn en reinig. Elke leeu se mond kan toegemaak word. En elke see, maak nie saak hoe groot nie, kan stil gemaak word of geskei word met net een woord van God af.

Hoofstuk Epiloog

Sedert ek dit geskryf het, het God reeds namens my suster beweeg—kom ons loof Hom!

Eerstens het ons albei laat gaan (wat my suster insluit wat die geloof en verstand het van 'n kind) en het haar direkteur vertrou (wie haar wou laat opneem) om die afspraak te maak wat die potensiaal gehad het om haar by 'n Psigiatriese Hospitaal te laat opneem. Ek het nie gebid of gevas nie (nie omdat ek nie in gebed of vas glo nie, maar omdat ek nie "geroep" was om te vas nie—ek het eenvoudig op God vertrou), en die resultaat? **Die dokter het vir haar gesê dat hy nie gedink het sy het 'n geestelike ondersoek nodig nie!!**

Asof dit nie genoeg was nie, het my suster vandag vir my vertel dat die direkteur, wat so desperaat probeer het om haar te laat opneem, WEGGAAN. Net so!!! Sy het 'n oorplasing versoek. WOW.

Kan God vertrou word? ABSOLUUT!!

— Hoofstuk 13 —

As Jy My Liefhet

As julle My liefhet, sal julle my opdragte uitvoer.
—Johannes 14:15

Ek het gedink dat hierdie die finale hoofstuk van hierdie boek sou wees, ek het die Here gesoek vir die belangrikste beginsel om mee te eindig: 'n beginsel wat my lewe verander het en wat hopelik, jou lewe ook sal verander.

Wat die Here vir my gesê het, was 'n totale verrassing. Gedurende die dae sedert Hy die eerste keer vir my gesê het dat hierdie hoofstuk oor die *seëninge van gehoorsaamheid* (onderdanigheid en dies meer) moet handel, het Hy soveel meer aan my onthul wat ek hoop ek in staat sal wees om volledig met julle te deel in hierdie hoofstuk. 'n Openbaring wat ek glo die koers van jou lewe letterlik sal verander, as jy dit ter harte neem en soek om gehoorsaam te wees, ongeag die koste.

Die openings vers moet weer gelees word: *"As julle My liefhet, sal julle my opdragte uitvoer" (Johannes 14:15).*

Vir my, is liefde die sleutel. As ons die Here liefhet, sal dit Hom wys (en ander wat toekyk) hoe vasbeslote ons is om Hom te gehoorsaam. Stop en dink nou vir 'n rukkie oor hierdie gedagte.

Nou, as ons gehoorsaamheid ons liefde vir Hom wys, sal ons **tekort** aan gehoorsaamheid, of ongehoorsaamheid, vir Hom (en ander) die teenoorgestelde wys. Dit beteken dat ongehoorsaamheid sê ons is NIE lief vir die Here nie. Verstaan jy dit?

Met hierdie beginsel goed gevestig waarop ons kan voortbou, sê die Bybel vir ons duidelik dat ons ons moet onderwerp aan die owerhede oor ons. As ons getroud is, moet ons ons aan ons mans onderwerp. As ons nie getroud is nie (en by die huis bly), moet ons ons aan ons ouers onderwerp. As ons ouers het wie nog steeds lewe, moet ons hulle eer. As ons 'n baas het, moet ons ons aan hulle onderwerp en gehoorsaam wees aan hulle. As ons in die skool is, moet ons gehoorsaam wees aan ons onderwysers, ons skoolhoof, ens. Almal van ons bly in 'n land waar daar wette is: verkeers, publieke, staats, plaaslike; die lys van die wat in gesag oor ons is, is eindeloos.

Die Here sê vir ons dat, om geseënd te wees, ons gehoorsaam moet wees aan elkeen van hierdie owerhede, of ons met hierdie owerhede saamstem of nie en of hulle goed en vriendelik of selfs wreed is. As jy nog steeds nie oortuig is nie, lees hierdie twee verse versigtig:

"Elke mens moet hom onderwerp aan die owerhede wat oor hom gestel is. Daar is immers geen gesag wat nie van God kom nie.

Wie hom teen gesag verset, kom dus in opstand teen die ordening van God; en wie in opstand kom, sal sy verdiende straf kry.

'n Mens hoef nie vir die owerhede bang te wees as jy goed doen nie, maar wel as jy kwaad doen. Wil jy sonder vrees vir die owerheid lewe? Doen dan wat goed is, en die owerheid sal jou prys..." (Romeine 13:1-3).

"Bediendes, onderwerp julle met die nodige ontsag aan julle werkgewers, of hulle nou goedhartig en vriendelik is, of onredelik.

*Dit is genade as iemand die pyn van onverdiende lyding verduur omdat hy aan God getrou wil wees. As julle gestraf word wanneer julle oortree het, watter verdienste is daarin as julle dit verdra? Maar om lyding te verdra wanneer julle goed doen, dit is **genade** van God"* (1 Petrus 2:18-20).

Weet jy, toe ek die laaste vers gelees het, het ek verstaan WAAROM ek so vasbeslote was en so versigtig om gehoorsaam te wees elke oomblik van my lewe. Guns. Onderdanigheid vind guns by God. Ek weet nie van jou nie, maar wat ek in my lewe wil hê is om omring te wees met God se guns. Dit is hoe ons die oorvloedige lewe leef— hemel op aarde.

Soos ek in die laaste paragraaf genoem het, is daar iets waaroor ek regtig wil uitbrei in hierdie hoofstuk en dit is die rede hoekom ek gesê het dat ek "versigtig" is om gehoorsaam te wees elke oomblik van my lewe. Op hierdie oomblik vlieg ek huistoe, my 17de vlug (nog een om te gaan) na ek deur Asië, die Verre Ooste of die Ooste, soos wat baie dit noem, getoer het. Omdat ek al baie gevlieg het, het ek die veiligheid instruksies al so baie gesien en gehoor dat ek gedink het ek kan self die demonstrasie gee! Nietemin, skenk ek nog steeds aandag en luister aangesien ek gehoorsaam wil wees aan die gesag van die lugredery, die kaptein en die lugwaardin. Jy mag dink dit is idioties en neem die beginsel van gehoorsaamheid te ver. Maar as ek kies om hierdie vlak van gesag te ignoreer, hoe ver sal ek dit vat— om dit te ignoreer totdat ek uit God se grense van guns loop? Ek is nie seker hoe wyd die grense van Sy guns is nie; daarom, is ek baie versigtig op elke vlak aangesien ek nie die risiko wil neem om daaruit te loop nie.

In al die hoofstukke wat ek in hierdie boek geskryf het (en die ander boek wat ek die vreugde gehad het om te skryf en deur te lewe), het die Here situasies in my lewe gebring as voorbeelde van die beginsels wat Hy my leer, sodat ek hulle met julle moet deel en julle daarvan moet leer. Net onlangs het die Here die feit onder my aandag gebring dat soveel, soveel, nie in gehoorsaamheid wandel nie en dit loop oor na elke gebied van hulle lewens. Die waarheid is, as jy onder iemand anders se gesag staan en jy ignoreer daardie gesag deur te doen wat jy wil eerder as wat die persoon in gesag jou vra om te doen, is jy in opstand.

"Weerspannigheid is net so erg as die sonde van waarsêery; eiesinnigheid net so erg as die bedrog van afgodery. Omdat jy die woord van die HERE verwerp het, het Hy jou as koning verwerp" (1 Samuel 15:23).

Rebellie is om gevaarlik te lewe en ek wil geen deel daaraan hê nie. Om die waarheid te sê, ek wil nie eers daarmee assosieer nie. Op hierdie baie lang reis het ek uiteindelik geskei van 'n lid van my vroue bediening wat saam met my begin toer het, omdat sy aanhoudend weerspannig was. Weerspannigheid is nie dieselfde as rebellie nie, alhoewel ek vir jare gedink het dit is.

Weerspannigheid is wanneer ons die gesag oorneem wat aan iemand anders oor ons behoort. Dit mag wees, en is baie keer, in huwelike— wanneer 'n vrou beheer neem in hulle huwelik en oor haar man regeer. In huise vandag, is kinders weerspannig amper al van kleintyd af. Kinders is wie regtig in beheer is terwyl die ma en/of pa hulle aan die kinders se streke en vereistes onderwerp. Wat 'n tragedie!

"My volk het kinders as regeerders, vrouens as heersers. My volk, jou leiers verlei jou en bring jou van koers af" (Jesaja 3:12).

"'n Pak slae en 'n teregwysing bring wysheid; 'n kind wat sonder dissipline grootword, steek sy moeder in die skande" (Spreuke 29:15).

Deur die gesag oor te neem van die persoon wat regtig oor ons moet gesag hê (onthou dat alle gesag deur God vasgestel is), is ons in afgodediens. Wie is ons afgod? Onsself. Ons stel onsself voor as die een om te aanbid. Laat ons nie vergeet dat dit die eerste sonde was nie, die sonde wat die demoniese wêreld geskep het wat elke dag teen ons baklei. Lucifer wou gelyk aan of bo God wees en dus was sonde gevestig. Dinge was nooit weer dieselfde van toe af nie. Weerspannigheid, wat afgodediens is, is iets waarvan ons moet weghardloop en ten alle koste moet vermy.

Alhoewel ek regtig 'n hele hoofstuk nodig sou hê en moontlik 'n boek, om die onderwerp van weerspannigheid regtig te behandel en om jou ouers te eer, laat ek net sê dat in die V.S.A, is ons so ver af wanneer ons bejaarde ouers hanteer. Volwasse kinders van vandag behandel hulle ouers met so min eer en respek dit grief my en maak my letterlik siek. Ek sal jou vertel dat ek 'n baie duur prys betaal het om voort te gaan om my ouers te eer voordat hulle dood is: 'n baie duur prys. (Maar dit moet nog 'n boek wees en ek is nie gereed om daardie pyn aan te raak nie.). Maar ek sal dit weer in 'n oogwink doen as ek weer daardeur moet gaan. As jy volwasse ouers het, waarsku ek jou om baie versigtig te wees hoe jy met hulle praat, oor hulle praat en hoe jy hulle behandel.

"Eer jou vader en jou moeder, soos die Here jou God jou beveel het, dan sal jy 'n lang lewe hê en sal dit goed gaan met jou in die land wat die Here GOD vir jou gee" (Deuteronomium 5:16).

*"God het tog gesê: 'EER JOU VADER EN JOU MOEDER' en: 'WIE SY VADER OF SY MOEDER **VLOEK**, MOET SEKERLIK DOODGEMAAK WORD'" (Matteus 15:4).*

En laat ek sê dat daar geen verskoning is om jou ouers te behandel asof hulle *jou* kind is nie; nie eens wanneer hulle aan demensie ly nie (soos Alzheimer). Jy kan nog steeds eer wat jy *weet* hulle sou wou hê, net soos vrouens begin om onderdanig te wees aan hulle mans wat weg is. Eer hulle deur vir hulle besluite te neem, aangesien jy weet wat hulle sou wou hê as hulle dit aan jou sou kon uitdruk. En moenie die verskoning gebruik dat jou besluit vir hulle beswil is wanneer dit net 'n verskoning is om agter te skuil nie, want God kan jou hart sien.

Die wysheid en begrip wat ek met jou deel het gekom omdat ek daardeur gegaan het toe ek alles verkeerd gedoen het en toe ek die pad na geregtigheid gevind het terwyl ek die Here gesoek het. Toe my pa gehospitaliseer was, het hulle vir hom gesê hy het 'n pasaangeër nodig. Hy het vriendelik vir die dokters (en sy familie) gesê dat hy 'n lang lewe geleef het en dat hy nie een wou gehad het nie. Ongelukkig, het ek "volmag" gehad en met daardie mag, was ek 'n teiken vir my broers en susters (ek is een van elf kinders) om my te druk om die besluit teen my pa se wense te maak "aangesien hy natuurlik nie self kon kies nie," hulle het almal ooreengekom, maar dit was lank voor demensie hom ooit getref het. Ek het ongelukkig die papiere vir hom geteken om die pasaangeër te kry.

Vir die volgende paar jaar, het ek toegekyk hoe my pa 'n stadige dood sterf, tot op die punt wat hy die laaste nege maande van sy lewe bedlêend was. My broers en susters het nie hierdie lyding aanskou nie omdat hulle in ander state gebly het en sommige in ander lande. So as gevolg van wat ek gedoen het, het ek toegekyk hoe my held (wat eens op 'n tyd 'n bekende en talentvolle kunstenaar was) nie in staat was om sy naam te teken of homself te voer nie. Tot op datum was dit die grootste fout van my lewe toe ek die papiere geteken het vir daardie pasaangeër en my pa onteer het. Ek het 'n hoë prys betaal vir my weerspannigheid.

Tog soos wat ons almal weet, God is 'n God van tweede kanse. Binne vyf jaar het ek my kans gehad om myself te verlos en om 'n baie moeilike les te leer oor hoe om 'n ouer te eer, maak nie saak wat die koste is nie. Eerstens, ek moes aan my ma bely omdat ek my pa oneer het. Sy moes ook ly en hom versorg en toekyk hoe hy 'n stadige dood sterf, pynlik en met aaklige vernedering. Alhoewel God die tyd ten goede gebruik het (Romeine 8:28) omdat my ma gehelp het as een van die redakteurs van *'n Wyse Vrou* boek en saam met my gewerk het toe Erin dit hersien het. En alhoewel sy gesê het dat die beginsel vir ander vrouens was, nie vir haar nie, het God haar verander. Toe gee hy haar nog 'n kans om die vrou te wees wat ek weet sy moontlik altyd vir my pa wou wees. Sy was in staat om te vergoed vir dit wat die sprinkane geëet het. God is wonderlik. Dankie Erin.

Laat ek nou verder vertel van my tweede kans. Dit het gekom in die jaar 2000, vyf jaar na my pa se dood. My ma het swak en sieklik geword maar sy wou nie dokter toe gaan nie. Sy was nog altyd so. Om die waarheid te sê, nadat my pa oorlede is, terwyl ek al die versekering papiere hanteer het, het die versekeringsmaatskappy my gevra wanneer my ma oorlede is. Ek het vir die dame gesê dat my ma nie oorlede is nie; sy lewe nog. Die rede hoekom sy geglo het dat my ma oorlede is, was omdat haar rekords gewys het dat sy laas in 1959 by die dokter was, wat die dag was wat my jongste suster gebore was—'n volle 39 jaar gelede sonder om 'n dokter te sien.

So, soos wat my ma sieker geword het, net soos vantevore, het ek begin om baie druk van my broers en susters te kry, wat daarop aangedring het dat ek my ma by 'n dokter moes kry—ek het geweier. Binne weke, het my ma met my begin praat oor *"wanneer* ek doodgaan..." Sy het vir my eerlik en baie kalm gesê dat Jesus haar sou genees of sy sou hemel toe gaan. Geen dokter.

Maak nie saak wat dit my gekos het nie, ek was vasbeslote om my ma te eer en gehoorsaam te wees. Net 'n paar kort weke later, terwyl ek besig was om haar kamer skoon te maak, het my ma in haar eie bed gesterf, geen dokter. Ek het daar gestaan en geluister, maar sy het nie weer asemgehaal nie. Kalm het ek die begrafnisondernemer gebel. (My ma en ek het vooraf saam reëlings getref toe ons soontoe gegaan het vir my pa se reëlings). Hulle het vir my gesê dat aangesien sy by die huis gesterf het, ek die paramedici moet skakel om haar dood te bevestig. Toe hulle opdaag, het die polisie ook opgedaag en binne 'n paar minute het ek vyf verskillende offisiere gehad wat my vrae gevra het. Dit was die laaste polisieman in gewone klere wat my gevra het ,"Het jy enige idee wat besig is om te gebeur?" Toe ek "nee" gesê het, het hy my baie vriendelik vertel dat ek aangekla word vir die dood van my ma. Aangesien ek nie mediese hulp gekry het nie en ek by haar was gedurende haar dood en nie 911 geskakel het toe ek geweet het sy was besig om dood te gaan nie, was ek aangekla omdat ek haar lewe geneem het.

Soos ek gesê het, dit moet regtig 'n ander boek wees, maar soos jy moontlik geraai het, die aanklagte is *uiteindelik* ná vele langdurige ondersoeke laat vaar. Maar die kriminele aanklagte was later gevolg deur die Familie Dienste wat my aangekla het van "mishandeling, verwaarlosing, en uitbuiting van 'n bejaarde persoon." Hierdie aanklagte was ook laat vaar, baie maande later en na baie langdurige ondersoeke. Dit het my ook daarvan weerhou om my ma se gedenkdiens by te woon en dit het spesiale toestemming van die staat vereis om saam met my gesin uit die staat te kon trek.

Nodeloos om te sê, dit was 'n nagmerrie wat min ooit sal ervaar. Ek het 'n hoë prys betaal om my ma se wense te eer en om gehoorsaam te wees, maar soos ek voorheen gesê het, as ek dit weer moes doen, betaal ek graag die prys...

Een ding wat ek wel verseker weet, is dat ek eer as 'n dogter aan my ouers bewys het. Daarom is ek verseker dat my kinders my sal eer en ek sien dit alreeds. Gedurende my getroude lewe, het ek eerstehands aanskou hoe my voormalige man sy ouers oneer. Sonder om regtig die ernstige nagevolge te verstaan, is hy en sy ouer broer welbekend om vernaamlik hulle ma, te vertel wat om te doen of nie te doen nie. Daar was baie harde, openbare geskille en meningsverskille, dikwels oor hoe sy haar tyd en geld spandeer. Ek was nooit regtig in die posisie om in staat te wees om met my voormalige man daaroor te praat toe ons getroud was nie (aangesien dit dieselfde weerspannigheid sou wees as waarvan ek hier praat). Nadat ons geskei was, was ek egter in staat om kortliks met hom te praat oor my bekommernis.

Huidiglik, bly my voormalige man saam met sy ma. Alhoewel ons nie regtig nou praat nie (aangesien hy huidiglik verloof is; ons is vriendelik maar nie meer vriende soos ons eens op 'n tyd was nie), het hy vir my gesê hoe aaklig dit vir hom was as sy hom soos 'n kind behandel het. Hoe sy oor hom was oor alles, veral sy drinkery. Ek het gedink dat die Here hom miskien 'n tweede kans gegee het om dinge reg te stel met sy ma. Ek is nie seker of hy dit weet nie, nog minder of hy die geleentheid sal vat om sy ma te eer, maar die nagevolge mag dalk meer wees as waarop hy gereken het. Alhoewel my kinders baie, baie respek het vir alle gesag, was ek uiters geskok en verras dat my kinders my nooit aangemoedig het om herstel te soek met hulle pa nie. Om die waarheid te sê, hulle is daarteen gekant. Toe hy na 'n ander staat toe getrek het, en later beplan het om terug te trek na die gebied waar ons bly "as hy die geld gehad het," was dit my kinders wat nie wou gehad het dat ek vir hom die geld gee nie. Weerspannigheid is 'n sonde en die Bybel is duidelik, wat ons saai, sal ons inderdaad maai.

Soos ek gesê het, dit is nie hoe my kinders gewoonlik is nie. Hulle was nog *nooit* disrespekvol teenoor hom nie, teen hom gepraat nie, of geweier om hom te sien of met hom te praat nie. Al wat ek kan sê is dat die vers ook waar is:

"Moenie julleself mislei nie: God laat nie met Hom spot nie. Wat 'n mens saai, dit sal hy ook oes" (Galasiërs 6:7).

Noudat ons weerspannigheid gedek het, wat presies beteken dit dan om gehoorsaam te wees? Somtyds, moet ons sien wat dit is om *nie* gehoorsaam te wees nie, om ten volle te verstaan wat gehoorsaamheid is. Hier is 'n voorbeeld van ongehoorsaamheid van een van ons televisie lidmate wat ek net gisteraand waargeneem het: Ek was genooi om by hierdie lidmaat te oornag (toe sy gehoor het dat ek na hierdie gebied toe reis), interessant genoeg was sy en haar man uitmekaar. Maar toe, op die laaste minuut, het hierdie vrou se man vir haar gesê dat hy nie gemaklik was met my wat in hulle huis bly nie. Dit sou egter vir my groot uitgawes skep om reëlings op die laaste oomblik te maak, so toe sê sy vir my dat ek nog steeds by haar huis kon bly omdat haar man vroeg die oggend weg is en hy sou nie weet nie. Ek was meer as geskok, maar ek het besef dat sy eerlik geen idee gehad het dat wat sy doen weerspannigheid of rebellie was nie. Hierdie vrou het die Here lief maar sy het geen idee gehad dat sy iets verkeerd doen nie.

Gedurende dieselfde week, het een van die dames wat vir RMI werk as 'n vrywilliger, die een insident na die ander van ongehoorsaamheid gehad, gepaard met weerspannigheid toe sy besluite gemaak het sonder om dit met Erin te bespreek (aangesien Erin haar instruksies gegee het, maar sy het gekies om iets anders te doen). Toe ek gesien het wat gebeur, het ek baie tyd spandeer en my bes probeer om te verduidelik hoe om gehoorsaam te wees, wat weerspannigheid konstitueer en hoe weerspannigheid 'n rol gespeel het in dinge wat baie verkeerd sou gaan. In een epos, het die vrou verklaar dat sy nie "**probeer** het om rebels te wees nie," waarop die Here vir my gesê het "jy hoef nie te *probeer* om rebels te wees nie, dit kom natuurlik; jy moet *probeer* om gehoorsaam te wees." Wow.

Ek glo dat die oorsaak van rebellie, ongehoorsaamheid en selfs weerspannigheid, al die pad teruggaan na ons verhouding met die Here. Hoeveel keer het ons geweet wat ons moet doen maar het gekies om iets anders te doen? Hoeveel keer het ons verskoon, geïgnoreer of geredeneer waarom ons iets gedoen het wat iemand met gesag gesê het ons nie moet doen nie, of wat ons moes doen en gekies het om dit nie te doen nie?

Soos ek vroeër genoem het is ek op pad terug huistoe na baie, baie, baie vlugte. Ek haat dit nog steeds om te vlieg. Ek haat dit nog steeds om weg te wees van my gesin. Maar alhoewel ek vlieg haat (maar ek is dankbaar ek het nie dieselfde vrees vir vlieg soos wat Erin gedeel het sy het nie), het ek die Here soveel meer lief en dit wys deur Hom te gehoorsaam. Nog voordat ek by die huis gekom het, het my kerk alreeds 'n uitgebreide toer na Afrika en Europa gereël, wat ook tyd in Suid Amerika mag insluit. Baie van julle wat mal is oor reis mag my beny, maar diegene wat die naaste aan my is kan duidelik sien dat ek die Here met my hele hart liefhet, want hulle almal weet ek haat reis en ek is eenvoudig mal daaroor om by die huis te wees. Ek was altyd op my gelukkigste by die huis en is baie tevrede om net na my huis en gesin om te sien. So as ek 'n keuse het, sal ek eerder by die huis bly. Maar ek is lief vir die Here, en dit wys deur my gehoorsaamheid aan Hom.

"As julle my liefhet . . "(Johannes 14:15).

Wat van jou? Op watter vlak van gehoorsaamheid leef jy? Vertrou my, meeste van julle het geen idee dat julle in rebellie, ongehoorsaamheid of weerspannigheid leef nie. Ek het sopas hierdie verskynsel aanskou by drie van ons kerk lede wat ek weet lief is vir die Here en passievol is in hul begeerte om groter intimiteit met Hom te verkry. Maar, as hierdie sondes (rebelle, ongehoorsaamheid of weerspannigheid) aktief is in jou lewe, dan is diep intimiteit met die Here net nie moontlik nie. Dit is nie my opinie nie maar God s'n. En die enigste manier wat jy hierdie siklus kan breek, wat in die pad staan van ware intimiteit met Hom, is om eerstens te erken dat jy 'n sondaar is.

"As ons beweer dat ons nie sonde het nie, bedrieg ons onsself en is die waarheid nie in ons nie" (1 Johannes 1:8).

Tweedens, vra die Here om gebiede te onthul waar jy in rebellie leef. Hy sal.

Laastens, begin om jou dag-tot-dag gewoontes dop te hou om maniere te sien om gehoorsaam te wees. Onthou ons hoef nie om te probeer om ongehoorsaam te wees nie, ons moet probeer om te gehoorsaam. Dan, sodra jy hierdie verbeterde reis begin, sal jy verbaas wees hoe wonderlik dit is om in God se perfekte wil te loop waar jy altyd met guns en seëninge omring is. Een van my grootste voordele is om te sien hoe my eie kinders "in die waarheid loop" as vrugte van my gehoorsaamheid en nou kan ek Johannes se sentiment deel: "Niks verskaf my groter vreugde nie" (3 Johannes 1:4).

─── Hoofstuk 14 ───

Jy is Al Wat Saak Maak

Net een ding het ek van die HERE
gevra en dit sal ek najaag:
dat ek my hele lewe lank
in sy huis mag woon om
sy goedheid te belewe
en daaroor na te dink
in die tempel.
—Psalm 27:4

Terwyl ek die Here gesoek het vir wat om in hierdie finale hoofstuk te skryf, was daar baie beginsels wat ek kon gedeel het. O, hoe gepas dat ek uiteindelik sou afsluit met wat in my lewe saak maak—Hy en Hy alleen! Net *Een ding* het ek van die HERE gevra...

As gevolg van 'n aanslag van krisisse in my lewe, dikwels gedurende die dag, is ek verbaas en tog toenemend gevul met onsag omdat ek, in plaas van vrees of paniek of beplanning om te ontsnap, eerder 'n oorweldigende passie vir Hom voel. Ek vra dus onvermydelik die Here om my te help om *op een of ander manier* die woorde te hê om die totale geseëndheid te beskryf, die pure vreugde en die ongelooflike ontsaglikheid om Hom te ken vanaf die oomblik dat ek Hom as my Man geneem het, aangesien dit lyk asof niemand regtig verstaan nie. Tog is dit te verwagte, want ek het ook geen idee gehad voordat ek dit geleef het nie.

Dikwels, veral die afgelope tyd, stop ek om te dink oor hoe ek voorheen gedink en gevoel het oor dinge. Byvoorbeeld, met my VM se troudatum net dae weg, onthou ek hoe ek vrouens beny het wat goddelike mans gehad het. Jy weet, dieselfde soort vrou wat ek weet na my gekyk het, aangesien ek eens op 'n tyd 'n pastoor as man gehad het, voordat hy weggeloop het. So baie vroue het, voordat alles in my lewe openbaar geword het, in die kerkbank gesit en verlangend na my gekyk terwyl hulle mans langs hulle gesit het wat glad nie belanggestel het in geestelike dinge of dinge wat Hom aangaan nie. Voorkoms, liewe mens, kan misleidend wees. Tog het ek presies dieselfde gedoen, so ek neem aan dis hoekom ek gekry het wat ek begeer het. Gelukkig, is Hy so liefdevol dat Hy ons deur daardie valleie bring en dit nog steeds gepas vind om ons te seën ten spyte van onsself.

So, laat ek eerstens iets sê wat ek weet julle al by hierdie tyd weet— moenie gaan op wat jy dink jy sien nie. Baie van die vroue wat jy beny, is in 'n baie slegter toestand as waarin jy is. Soos ek, het hulle mans wat geestelik voorkom, is uiterlik 'n geestelike reus, so ander vrouens beny ons en sê dit dikwels in die openbaar, maar in werklikheid is die man en ons droom lewe nie soos jy dit voorstel nie. En as gevolg van die manier wat jy haar misverstaan, het sy vermeerderde pyn wanneer sy kies om haar "minder eerbare" man te eer. Ons moet elkeen erken dat niemand weet wat regtig agter geslote deure aangaan nadat die man (of vrou) die preekstoel verlaat of na hulle die aanbidding gelei het nie, of in die lewens van diegene wat jy op televisie sien nie. Ek weet.

Tog is daar natuurlik vroue wat geseënd is met ongelooflike mans, sommige wat selfs die geskiedenis verander het. So ek het hierdie vrouens ook beny. Maar nou weet ek dat as enige vrou die lewe ken wat ek nou lei, hulle my eerder sal beny! En wat my opgewonde maak bo alle geloof en die totaal onvoorstelbare waarheid is, is dat hierdie lewe dieselfde kan wees vir elkeen van julle! Ek is nie die enigste bruid wie Hy geroep het nie. Ieder en elkeen van julle het dieselfde geleentheid om Sy bruid te word—maak nie saak wat jou huwelik status, sosiale status, fisiese statuur, geestelike status of geestelike vermoëns is nie. Ek kry trane in my oë omdat ek weet dat Hy jou liefhet net soos jy is en is lief vir jou, nie ten spyte van, maar as gevolg van jou swakhede! "Terwyl ons nog sondaars was, het Christus vir ons gesterf"—fantasties, absoluut fantasties!

Toe ek vroeër saam met Erin gewerk het, toe haar bediening meer van 'n "huweliksherstel" bediening was, het ek en sy geweet daar was geen waarborge was dat die vrouens wat om hulp kom soek het, in staat sou wees om die beginsels te volg (tot die letter) om in staat te wees om 'n herstelde huwelik te verkry nie. En erger, sodra dit herstel was, was daar verskillende grade van seëninge afhangende van die man wat huistoe gekom het. Maar nou, het dit alles verander! Die nuwe roeping op my lewe en Erin se fokus, het begin om te fokus om bruide vir ons Beminde te werf. Almal (selfs mans al is dit moeiliker om in te dink) word geroep om 'n bruid te wees vir wie Hy terug kom *"sodat Hy die kerk in volle heerlikheid by Hom kan neem, sonder vlek of rimpel of iets dergeliks, heilig en onberispelik" (Efesiërs 5:27)*. Dit beteken, ieder en elke vrou kan Hom eenvoudig vertrou, Hom alleenlik soek en almal wat begeer om bemin en genees en gelukkig te wees, kan wees! Nietemin, dit gebeur slegs wanneer ek en jy gewillig is om te laat gaan en die lewe te verloor wat ons beplan het. Dit is omdat Hy ons hele hart nodig het om vry te wees en om dan dit alles te hê.

*"Want wie sy **lewe** wil behou, sal dit **verloor;** maar wie sy **lewe** ter wille van My **verloor,** sal dit terugkry" (Matteus 16:25).*

"Net so kan 'n vrou wat nie langer getroud is nie of nog nooit getroud was nie, haar aandag op die Here toespits om met liggaam en siel aan Hom toegewy te wees. Die getroude vrou is egter oor wêreldse dinge begaan, oor hoe sy haar man kan gelukkig maak" (1 Korintiërs 7:34 NLV).

*"Ook die ongetroude vrou en die jongmeisie gee aandag aan die dinge van die Here, om na liggaam en gees aan Hom toegewy te wees. Maar **die getroude vrou gee ook aandag aan die dinge van die wêreld, aan hoe sy haar man kan behaag.** Dit sê ek alles vir julle eie beswil. Ek wil julle nie aan bande lê nie, maar ek wil hê julle moet in eerbaarheid lewe en in **onverdeelde toewyding aan die Here"** (1 Korintiërs 7:34 AFR83).*

*"Vind jou vreugde in die HERE; en Hy sal jou gee wat jou **hart begeer"** (Psalm 37:4).*

Toe my lewe omtrent 'n jaar gelede in duie gestort het (met my man wat van my geskei het om met iemand anders trou), was dit die einde van die lewe waaroor ek die grootste deel van my lewe gehoop en gedroom het. Tog, deur my vooraf beplande lewe te verloor, en my hart oop te maak, het ek ongelooflike nuwe en opwindende ervarings oopgemaak wat my wêreld verander het. Dit is my hoop dat jy die moed sal hê om dieselfde te doen en wat ek gedeel het jou sal help om jou lewe te verander op dieselfde manier.

Een ongelooflike waarheid wat ek geleer het, is dat Hy nooit bedoel het dat ons letterlik moet *sterf* om in die paradys te leef nie, nog minder hoef ons te wag totdat Hy kom om ons as Sy bruid te kom haal. *"Laat ons bly wees en juig en aan Hom die eer gee, want die bruilof van die Lam het aangebreek, en sy bruid het haar daarvoor gereed gemaak" (Die Openbaring 19:7).* Kom ons wees eerlik, daar is heeltemal te veel vrouens wat verskriklik seer het: verwerp, versaak en bedroef om te dink dat dit die manier is wat ons as vrouens moet lewe totdat ons sterf. Die manier waarop ons geleer is om te glo, is eenvoudig nie korrek nie!

Jesus het nie gesterf sodat ons eendag hemel toe kan gaan nie. Hy het Sy lewe afgelê om ons nou vry te maak, in elke gebied van ons lewens; Sy bloed en Sy opstanding het dit alles verander en dit was vir nou. Dit beteken dat vroue wat onkundig is oor hierdie waarheid, steeds sal vergaan in hul gebrek aan kennis en hoop. *"My volk gaan te gronde weens gebrek aan kennis; omdat jý die kennis verwerp het, sal Ek jou verwerp..." (Hosea 4:6AFR53).* Ons moet ons lewens so lei dat ons weerspieël wat hulle ook kan hê en as ons gevra word, moet ons eenvoudig ons harte deel wat oorloop van liefde!

Hy Maak Alles Nuut!

Ek dink jy kan sê dat ek vanoggend aan die einde van myself gekom het of miskien is dit eenvoudig omdat ek die einde van my bediening soos wat dit was in die gesig moet staar, of miskien is dit albei. Nietemin, ek is glad nie bekommerd, bang of enige ander negatiewe emosie nie. Ek is eenvoudig opgewonde om te sien wat gaan binnekort gebeur. Vanoggend toe ek wakker word en met die Here daaroor praat, het Hy vir my 'n nuwe openbaring of beginsel gegee. Hy het vir my gesê dat dit **nodig is om Hom te bedank en *gebroke te wees*, sodat ons geseën kan word.**

*"...Toe neem Hy die sewe brode en die visse en **dank** God daarvoor. Daarna het **Hy** die brood **gebreek** en dit aan die dissipels gegee, en hulle het dit aan die mense gegee" (Matteus 15:36).*

*"Toe gee Hy die mense bevel om op die grond te sit. Nadat Hy die sewe brode geneem en **God gedank het, het Hy dit gebreek** en vir sy*

dissipels gegee om uit te deel, en hulle het dit aan die mense voorgesit" (Markus 8:6).

*"Toe neem Hy brood, spreek die **dankgebed** uit, **breek dit** en gee dit vir hulle met die woorde: 'Dit is my liggaam wat vir julle gegee word. Gebruik dit tot my gedagtenis'" (Lukas 22:19).*

*"Nadat Paulus dit gesê het, het hy brood geneem, **God** in die teenwoordigheid van almal **gedank, dit gebreek** en begin eet" (Handelinge 27:35).*

*"...en, nadat **Hy God daarvoor gedank het**, het **Hy dit gebreek** en gesê: 'Dit is my liggaam; dit is vir júlle. Gebruik dit tot my gedagtenis'" (1 Korintiërs 11:24).*

Die enigste manier om te vermenigvuldig, en die enigste manier vir Sy glorie om te verskyn, is wanneer ons dankie sê en onsself toelaat om **gebreek** te word om sodoende diegene wat honger is na die waarheid te voed en diegene wat ongelief is, te genees.

Vanoggend moes ek die feit in die gesig staar dat hoe dinge nou lyk, my bediening binne die kerk besig is om onder te gaan. Maar ons almal weet (of behoort by nou te weet) dat dit altyd die donkerste is voor die dagbreek; om 'n opstanding te hê, moet daar dood wees; sonder enige vyand wat jou in die hoek vaskeer, is daar geen Rooi See om te skei nie. Om my verder aan te moedig, het die Here my die beloftes laat lees wat Hy my in Jesaja, Jeremia en al die pad tot Maleagi, gegee het. Ek het emmers trane gehuil (van vreugde) toe ek gesien het dat 90 persent van die beloftes alreeds vervul is. Daarom is hierdie nuwe krisisse eenvoudig dit wat my gaan lanseer om die vervulling van die laaste 10 persent oorblywende beloftes te ervaar, wat dikwels beteken dat ons ons grootste beproewings sal trotseer. Dit is hoekom die Apostel Paulus dikwels gepraat het om sy lesers aan te moedig om nie moeg te raak nie en om die wedloop te voltooi.

Maak nie saak hoe dinge lyk nie, ek wil laat gaan en alles toelaat om te faal en te val. Net soos ek in die verlede gedoen het, het ek alles net opgegee en dit eenvoudig aan die Here oorgegee. Ek het vir Hom gesê dat dit in elk geval nie saak maak nie, want Hy al is wat ek wil hê en nodig het, so ek gee min tot niks om as ek dit alles verloor nie (selfs al is my kerk bediening my gesin se enigste inkomste, wat beteken dat die verlies van die bediening ook die verlies van ons huis sal beteken)—liewe Here, jy is al wat vir my saak maak!

Dit gaan ook nie net oor my nie. My kinders kyk en wag, en terselfdertyd, kyk hulle (en lewer gereeld kommentaar) want hulle pa is die een wat tans floreer, terwyl meer en meer van wat ek het of gehad het besig is om te verkrummel. Tog weet hulle, en ons herinner mekaar dat geregtigheid, altyd en vir ewig, op die ou einde sal afspeel. Dit is hoe God die heelal geskep het, dit is dus dwaas vir ons om angstig te raak oor wat voorlê, is dit nie?

"So sê die HERE: 'Daar rus 'n vloek op die mens wat sy vertroue in mense stel, wat sy krag soek by sterflike mense en wat van MY af wegdraai; hy is soos n kaal bossie in droë wêreld wat nooit water kry nie; 'n bossie wat in 'n klipwoestyn staan, in 'n brak wêreld waar niemand woon nie'" (Jeremia 17:5-6).

Die Komplot Verdik

Interessant genoeg is my kerk bediening wat "blykbaar" verbrokkel, nie die helfte daarvan nie, want wat ek op die punt staan om te deel sal meeste van julle ruk. Dit is presies twee weke gelede wat ek 'n epos van my VM gekry het wat my wêreld geskud het. Dit was my "Abraham-Isak-altaar hart toets." Dit is net as gevolg van Hom en Sy liefde vir my wat my gehelp het om daardeur te gaan met vreugde en sonder 'n titseltjie vrees. Ek is verstom oor hoe Hy die "Baie-Bang" verander en getransformeer het, ja dit is ek!

Die epos het gekom op *wat my 25ste huwelik herdenking sou* wees, wat my geforseer het om 'n paar goed in die gesig te staar wat ek geweet het ek heel moontlik (nee, ek raai ek het geweet dat dit 'n moontlikheid is) in die toekoms moet trotseer. Die aanval was tweevoudig.

Eerstens het my VM verduidelik dat hy toesig oor my drie jongste kinders gaan oorneem wanneer hy trou, wat minder as twee weke van nou af is. Is julle nie bly dat *"In alles word ons verdruk, maar ons is nie terneergedruk nie; ons is oor raad verleë, maar nie radeloos nie; ons word vervolg maar nie deur God verlaat nie"* (2 Korintiërs 4:8-9)?

Ek het geweet, sonder enige twyfel of vrees, dat *wat ook al* op die punt staan om te gebeur, 'n goeie ding sou wees. Dit kan beteken dat ek ure van my kinders af mag woon, maar indien so, sal dit 'n goeie ding wees. Ek het nie 'n idee hoe dit moontlik sal wees nie; maar niemand sou my 'n jaar gelede oortuig het dat ek soveel VREUGDE sou ervaar deur 'n man te hê wat wegloop, sê hy gaan iemand anders soek om mee te trou, van my skei, my los met al ons skuld, nie onderhoud betaal nie, 'n uitspraak wat my krediet vir tien jaar sou ruïneer, en uitgaan om my hulpbronne (ons gesin se lewens bestaan) te vernietig terwyl ek in Hong Kong besig was met bediening, *en* dat my kinders in my VM se troue sou wees wanneer hy met die AV trou.

**Vergewe my dat ek hierdie besonderhede met jou deel, maar ek het dit gedoen om my ook te herinner aan die pure ontsaglikheid van God!! Hoe dikwels ons faal om regtig na te dink en te dink aan alles wat Hy vir ons gedoen het!!

Dus met dieselfde entoesiasme as wat ek met die egskeiding getoon het, wat verander het na vreugde in plaas van hartseer, het ek die krisis omhels en binne slegs 48 uur het die gety so ongelooflik gedraai dat al wat ek kon doen was om die Here te loof en van voor af op Hom verlief te raak! Hierdie krisis het plaasgevind om my en my kinders te seën. Alhoewel dit bedoel was vir kwaad het God dit bedoel vir goed. Op die ou einde, in plaas daarvan dat my jongste kinders weggetrek het om saam met hulle pa en die AV te gaan bly, het dit veroorsaak dat daar dinge in hulle klein hartjies ontbloot is, wat daartoe gelei het dat my VM planne beraam het om hierheen te kom om hulle te besoek (en sonder die AV), ten minste vir nou!

Die krisis het onvermydelik die waarheid ontbloot dat, die haastige natuur van my VM se besluit om uit te trek, van my te skei, weg te trek, en die mees traumatiese gebeurtenis om aan die AV voorgestel te word en haar in hulle lewens te hê, veroorsaak het dat die pyn te erg geraak het vir hulle om te dra. Het ek probeer om iets te stop of te vertraag wat my VM hierdie jaar wou doen, sou ek nie (en my kinders sou nie) die nuutgevonde vryheid en vreugde ervaar het waarin ons ons nou verheug nie!! Selfs die eens "baie opwindende troue" is nou 'n bittersoet geleentheid vir hom. Dit is, weereens, om die kinders te onderwerp aan iets wat moontlik hulle liefde heeltemal sal vernietig, die liefde wat hulle eens op 'n tyd vir hulle pa gehad het. My VM weet dit en het dit genoem, tog weet hy ook dat hy nie die kinders kan keer om 'n geleentheid by te woon en te aanskou wat hulle toekomstige verhouding met hom vir ewig kan verander nie.

Die tweede aanval in my VM se epos het dit **baie** duidelik gemaak dat om ons hulpbronne te vernietig nie genoeg was nie—hulle (hy en sy verloofde) is vasberade om my kerk bediening heeltemal te stop, gesê daar is baie leuens en laster. Hulle het dit duidelik gemaak dat hulle my vir altyd uit die "huweliksbediening" wil hê, beide by ons kerk en my assosiasie met RMI. En my VM het gesê dat wat ook al dit neem, hy sal sy kinders van my af wegneem. Maar, "*Geen wapen wat gesmee word om jou aan te val, sal iets uitrig nie; elkeen wat vals teen jou getuig, sal gestraf word. Dit is hoe Ek, die Here, vir my dienaars sorg. Ek laat geregtigheid aan hulle geskied, sê die Here*"

(Jesaja 54:17). Om Sy waarheid te ken het beteken toe ek die dreigemente hoor, was ek nie deur hulle geraak nie, ek was meer opgewonde om te sien watter seëninge die gevolg van hierdie frontaanval sou wees.

So, ek het nie net my kinders op die altaar van my hart geplaas nie, ek het ook voort gegaan en het amptelik my kerk bediening en my vrywilligerswerk by RMI, saam met my potensiële toekoms om heeltemal alleen te wees, alles aan Hom gegee want dit is alles in elk geval Syne!

Onmiddelik, het die Here sagkens met my gepraat in my gebedshoekie aangaande wat ek moes doen. Eerlikwaar, dit was iets was wat Hy 'n baie lank terug op my hart geplaas het; toe my eks man* nog die bediening hanteer het. Die Here het vir my gesê dat ek alles moet los en uit al my posisies moet bedank.

*My VM het vir my gesê dat ek nie meer daardie voorletters vir hom kan gebruik nie; daarom, sal jy sien dat ek begin verwys het na hom as my eks of eks man, nie VM nie.

Alhoewel ek my nie meer aan my eks man "onderwerp" nie, aangesien hy nie meer my man is nie, word daar vir ons gesê om ons nie teen n kwaadwillige persoon te verset nie. "Maar ek sê vir julle: 'Julle moet julle nie teen 'n kwaadwillige persoon verset nie. As iemand jou op die regterwang slaan, draai ook die ander wang na hom toe. As iemand jou hof toe wil vat om jou onderklere te eis, gee hom ook jou boklere. As iemand jou dwing om sy goed een kilometer ver te dra, dra dit vir hom twee kilometer. Gee aan hom wat iets van jou vra, en moet hom wat van jou leen nie afwys nie'" (Matteus 5:40-42).

*Die beginsel is baie anders as om aan 'n man **onderdanig** te wees, en het die leiding van die Heilige Gees nodig om dit regtig uit te voer, want daar is geen maklike manier om te onderskei nie.*

So deur te laat gaan, glo ek dat ek meer tyd sal hê om te skryf en vir nou, tyd met my kinders te spandeer!! Ek is nie seker waar ons inkomste vandaan gaan kom nie, maar dit is God wat voorsien in *"al ons behoeftes volgens Sy wonderbaarlike rykdom"* so hoekom sal ek en jy bekommerd wees?

God is waarlik in beheer, so dit moet maak dat ALMAL VAN ONS net in Hom rus, nie langer bekommerd wees dat ons 'n fout sal maak of God mis nie. Dit is net wanneer ons omring is deur die vyand en teen die groot Rooi See gedruk word, wat God dit skei! En sodra dit geskei is, skep dit 'n skoon, reguit pad en lei ons PRESIES na waar Hy wil hê ons moet gaan!!

Of ek nou 'n uitlaatklep het om te bedien, kinders wat naby my is om lief te hê, sal ek nietemin steeds bly fokus op my intimiteit en eenheid met die Here. Omdat ek uiteindelik my Liefde gevind het, is dit wat ek met elke vrou deel wat ek ontmoet, hier waar ek bly en met vroue rondom die wêreld. As Hy vir my die deure oopmaak om voort te gaan om by kerke en konferensies te praat, sal my boodskap altyd wees: **"Hy is al wat saak maak."**

Liewe leser, dit gaan alles oor Hom wat ons Man word en ons wat Sy bruid word. En dit gebeur net wanneer ons gewillig is om wat ook al teen ons kom entoesiasties te omhels—dit is wanneer die krisisse sal lei tot "geen trane meer en geen droefheid meer" nie. Geen dreigement om my kinders of bediening of inkomste of huis te verloor, kan my skud nie, omdat Hy al is wat ek wil hê. En alhoewel mense mag dink dat ek misbruik word, net soos Jesus, neem niemand my lewe nie, ek lê dit gewillig neer.

Net soos wat Erin aangehaal is om ook te sê, *"Die man wat ek liefhet, is myne, en ek syne... ek het hom wat ek liefhet, gekry. Ek het hom vasgegryp en hom nie laat los nie... sê vir hom die liefde verteer my"* (Hooglied 2:16; 3:4; 5:8). Mag julle elkeen ook verteer word deur liefde.

Oor die Skrywer

Michele Michaels het na *Restore Ministeries International* toe gekom toe sy egskeiding in die gesig gestaar het. Destyds was sy die moeder van twee klein seuntjies. Nadat sy *Hoe God Jou Huwelik Kan en Sal Herstel* en *'n Wyse Vrou* gelees het, het sy begin om Erin Thiele met haar boeke te help, kort na hulle mekaar in Orlando, Florida ontmoet het. Kort nadat Erin Michele in haar huis in Colarado besoek het, was haar huwelik herstel.

Byna presies veertien jaar later het Michele weer egskeiding in die gesig gestaar terwyl sy gehelp het om 'n klein *Staar Egskeiding in die Gesig* boekie op te dateer vir haar kerk. Nadat sy teruggekeer het na RMI om haar geheue te Verfris, het Michele begin besef dat Hy beplan het om hierdie beproewing ten goede te gebruik. Dit was gedurende hierdie nuwe hoofstuk in haar lewe wat Michele die regte rede ontdek het hoekom God nog 'n egskeiding toegelaat het en wat sy gemis het: Die Oorvloedige Lewe.

Kyk wat is Ook Beskikbaar
in EncouragingBookstore.com & Amazon.com

Skandeer die kode hieronder na die beskikbare boeke vir ons Oorvloedige Lewe, Herstelde, en Deur die Woord van Hul Getuienis reeks.

Besoek asseblief ons Webwerwe waar jy ook hierdie boeke as GRATIS Kursusse vir mans en vroue sal vind.

Wil jy meer weet oor hoe jy 'n Oorvloedige Lewe kan leef?

Herstel Ministries Internasionaal

POB 830 Ozark, MO 65721 USA

Vir meer hulp
Besoek asseblief een van ons Webwerwe:

UiteindelikHoop.com

EncouragingWomen.org

HopeAtLast.com

LoveAtLast.org

RestoreMinistries.net

RMIEW.com

Aidemaritale.com (Frans)

AjudaMatrimonial.com (Portugees)

AmoreSenzaFine.com (Italiaans)

AyudaMatrimonial.com (Spaans)

Eeuwigdurendeliefde-nl.com (Nederlands)

EternalLove-jp.com (Japannese)

EvliliginiKurtar.com (Turks)

Pag-asa.org (Filippynse Tagalog)

Wiecznamilosc.com (Pools)

ZachranaManzelstva.com (Slowaaks)

EncouragingMen.org

www.ingramcontent.com/pod-product-compliance
Lightning Source LLC
La Vergne TN
LVHW021343080426
835508LV00020B/2100